Petra Müller-Jani und Joachim Skibbe

Köstliche Kürbis-Küche

Petra Müller-Jani und Joachim Skibbe

Köstliche Kürbis-Küche

Vegetarische Rezepte

Mit Cartoons von Renate Alf

pala verlag

Inhaltsverzeichnis

Der Kürbis – bunt, gesund und lecker

Der Kürbis, das Lieblingsgemüse unserer Großmütter, war etwas in Vergessenheit geraten. Zumindest hierzulande kannte man Kürbis lange Zeit meist nur noch in zwei Standardzubereitungen, nämlich als Kürbissuppe und in Form des obligatorischen »Kürbis süßsauer«. In den letzten Jahren ist er wieder aufgetaucht, in zahlreichen bunten Sorten, auf Wochenmärkten, in vielen Gärten, in den Gemüseabteilungen der Naturkostläden und in gut sortierten Gemüsegeschäften. Hören Sie ihn auch lachen? Und spüren Sie auch, wie er uns mit seiner Vielfalt an fröhlichen und leuchtenden Farben und ausgefallenen Formen einladen will, ihn wieder mehr auf unseren Esstisch zu bringen?

Für uns persönlich gibt es wohl kaum ein anderes Gemüse aus dem Garten der Natur, das unsere Kreativität und Freude am Kochen und Backen so inspiriert hat wie die unzähligen, fast unbegrenzt erscheinenden Sorten aus der Großfamilie der Kürbisgewächse. Egal, ob groß oder klein, ob gelb, knallorange, elfenbeinfarben oder grün, ob kugel-, birnen- oder herzförmig, ob rund oder oval: Aus Kürbissen lassen sich immer wieder neue, leckere, exotische, aber natürlich auch altbewährte Rezepte zaubern.

Dass der Kürbis ein Verwandlungskünstler ist, beweist er immer wieder. Ob als Vorspeise, Hauptspeise oder als Beilage, ob in Brot, Salat, Sauce, Dessert oder Kuchen – Kürbisgerichte sind ebenso vielseitig, wie es Sorten auf unserer Erde gibt.

Nicht nur unserem Gaumen hat der Kürbis viel zu bieten, sondern auch unserer Gesundheit. Kürbis hat ein ausgesprochen günstiges Natrium-Kalium-Verhältnis und enthält extrem viel Beta-Carotin, dazu Vitamine der B-Gruppe, Magnesium, Calcium, Eisen, Phosphor und Kieselsäure. All diese Inhaltsstoffe machen ihn zu einer milden und reizarmen Diätspeise bei der Behandlung von Bluthochdruck sowie bei Herz- und Nierenleiden. Auch bei Verstopfung und Blähungen sowie bei Säureüberschuss ist er hilfreich. Ebenso wird er Menschen mit starker Neigung zu Wasseransammlung als regelmäßige Diätspeise empfohlen. Seine vielen positiven Wirkungen auf die Gesundheit sind schon seit Jahrtausenden bekannt. Auch in der Ayurveda-Heilkunde Indiens schätzt man den Kürbis schon lange wegen seiner aufbauenden, stärkenden, fiebersenkenden und blutreinigenden Eigenschaften.

Dabei hat es nicht nur das Fruchtfleisch des Kürbisses in sich. Auch seine Kerne sind – getrocknet und geröstet – eine beliebte und gesunde Knabberei. Insbesondere die grünen Kürbiskerne (von einer besonderen Kürbissorte aus der Steiermark in Österreich) sind bekannt für ihre medizinische Heilkraft. Sie enthalten neben nahezu 50 % Fettsäuren auch ätherische Öle, Phytosterine

(Stoffe mit hormonähnlicher Wirkung), Provitamin A, Vitamine der B-Gruppe und Vitamin E sowie reichlich Zink, Phosphor, Eisen und Magnesium. In der westlichen Naturheilkunde gelten die kleinen grünen Kerne als Wunderwaffe gegen Prostata-Beschwerden. Vorbeugend genügen schon zwei bis drei Esslöffel täglich.

Woher der Kürbis ursprünglich stammt, ist nicht mehr eindeutig zu klären. Einige Sorten wie der Moschuskürbis werden in Lateinamerika seit über 5000 Jahren kultiviert, andere Sorten wie der Wachskürbis oder der Flaschenkürbis stammen aus Südostasien. Und in den mindestens ebenso alten Schriftdokumenten der indischen Heilkunst Ayurveda heißt es: »Der reife Gartenkürbis ist leicht bekömmlich, harntreibend, verdauungsanregend und tut allen Konstitutionstypen gut.«

Mit diesem Kochbuch möchten wir dem Kürbis wieder zu dem Ehrenplatz und der Beachtung in der Küche verhelfen, die ihm gebühren. Und wir hoffen, dass Sie unsere Begeisterung teilen werden, wenn Sie sich, Ihre Familie und Ihre Freundinnen und Freunde mit den vielen leckeren vegetarischen Kürbisrezepten aus diesem Buch verwöhnen. Wenn Sie mit der Kürbisküche angefangen haben, ist es nicht auszuschließen, dass auch Sie von den lustigen »Kürbisgeistern« zu neuen, eigenen Kürbiskreationen inspiriert werden.

In jedem Falle wünschen wir Ihnen viel Spaß und guten Appetit auf Ihrer kulinarischen Kürbis-Entdeckungsreise ...

Die große Kürbiswelt

Kürbis ist nicht gleich Kürbis. Es ist schon ein Unterschied, ob Sie einen Mini-Zucchino oder einen 50 Kilogramm schweren Riesenkürbis vor sich haben. Die große Kürbiswelt ist vielfältiger, als die meisten von uns ahnen. Über 850 farben- und formenfrohe Sorten tummeln sich in der Großfamilie der Kürbisgewächse. Und auch geschmacklich ist eine große Palette geboten. Das werden Sie erfahren, sobald Sie mit Kürbis zu kochen und zu experimentieren beginnen. Von cremig butterzart, nussig honigsüß bis fruchtig mild oder sogar zartbitter warten Kürbisse in vielen Geschmacksnuancen auf ihren Einsatz in der Gourmetküche.

Bei der Vielfalt der Sorten wundert es nicht, dass manchmal sogar ein und dieselbe Sorte unter verschiedenen Namen bekannt ist. Um ein wenig Ordnung in die reichhaltige Auswahl der Sorten zu bekommen, werden die Kürbisse in verschiedene Hauptgruppen unterteilt: In unseren Küchen sind dabei die Gruppen der Gartenkürbisse, der Riesenkürbisse und der Moschuskürbisse von Bedeutung. Innerhalb dieser drei Kürbis-Hauptgruppen kann eine Sorte, zumindest wenn Sie sie gekocht genießen wollen, fast ausnahmslos durch jede andere ersetzt werden. Zwar mag der Geschmack je nach Sorte leicht differieren, doch im Allgemeinen herrscht die milde, leicht süßliche Nuance vor, die dann je nach Sorte mehr oder weniger süßlich, nussig, cremig, honigähnlich, fruchtig oder sogar neutral sein kann.

Die Kürbisse stammen von Kletter- oder Kriechgewächsen ab, die meist tropischen Ursprungs sind, heute aber nahezu um den ganzen Erdball kultiviert werden. Aus den gelben, trichterförmig glockigen Blüten entwickelt sich, botanisch gesehen, jeweils eine Beerenfrucht, die einen Durchmesser von bis zu einem Meter erreichen kann und bei einigen Sorten unter Umständen über 100 kg schwer wird. Die botanische Familie der Kürbisgewächse *(Cucurbitaceae)* ist ziemlich groß und vielseitig. Noch etliche andere leckere Küchenpflanzen wie Gurken und Melonen finden sich in ihr.

Um Ihnen einen schnellen Überblick zu verschaffen, haben wir zunächst die drei wichtigsten Hauptgruppen – die Gartenkürbisse, die Riesenkürbisse und die Moschuskürbisse – und die Merkmale ihrer bekanntesten Vertreter aufgeführt. Anschließend werden noch einige exotischere Kürbissorten vorgestellt, die aus dem asiatischen und afrikanischen Raum stammen und zu anderen Kürbisarten zählen als die bei uns bekannten Sorten, aber mindestens ebenso köstlich sind. Außerdem sind auch einige der Sorten, die bei uns meist nur als dekorative Zierkürbisse zum Einsatz kommen, sehr wohlschmeckend.

Gartenkürbis

Botanischer Name: *Cucurbita pepo*
Andere Namen: Kleiner Speisekürbis, Ölkürbis, Gemüsekürbis, Kürbchen, Sommerkürbis

Die dünnschaligen Kürbisse erntet man während des Sommers meist unreif. Einige Sorten, wie der Spaghettikürbis, werden in der Küche allerdings sowohl reif als auch unreif verwendet. Da die Schalen der Gartenkürbisse zart sind, können sie generell mitverzehrt werden. Ein weiteres Plus: Gartenkürbisse sind sehr saftig und wasserhaltig, dadurch jedoch auch nur kurz haltbar. Im Geschmack sind sie angenehm süß bis neutral.

Roh in einem Salat sind sie ebenso ein Genuss wie geröstet und gebraten, gegrillt, gefüllt oder überbacken.

Gartenkürbisse finden Sie von Ende Juni bis Anfang Oktober auf Wochenmärkten, in Gemüseläden oder Naturkostläden. Zucchini sind auch das ganze Jahr über erhältlich.

Ausgewählte Gartenkürbis-Sorten

Eichelkürbis (Acorn)

- **Aussehen:** 800 g bis 1 kg schwere Kürbisse mit fester, glatter Schale. Erdbeerförmige Früchte mit Längsrippen, die farblich von orange über dunkelgrün bis eierschalenfarben variieren. Das Fruchtfleisch ist sehr feinfaserig und gelborange.
- **Verwendung in der Küche:** Eichelkürbisse haben einen leicht süßen Geschmack von Nuss, Honig und Zimt. Sie sind ideal zum Braten, Backen, Füllen, für Pürees und Suppen, Gemüsegerichte und auch roh für Salate.
- **Lagerung:** Eichelkürbisse können im Keller bis zu 6 Monate aufbewahrt werden, ihr Geschmack wird durch das Lagern noch besser.
- **Besonderes:** Handliche Größe, leicht zu verarbeiten.

Spaghettikürbis

- **Aussehen:** 1 bis 3 kg schwere Kürbisse mit fester, glatter Schale. Sie sind oval, einfarbig oder auch gestreift. Sie können sowohl im unreifen Zustand (beigegrünliches Aussehen) als auch im ausgereiften Zustand (weiß bis kräftig gelb) geerntet und zubereitet werden. Unreife Exemplare haben eine weiche Schale und nur kleine Kerne, wohingegen ausgereifte Spaghettikürbisse eine harte Schale und größere Kerne besitzen.
- **Verwendung in der Küche:** Das Fruchtfleisch lässt sich nach dem Kochen des ganzen Kürbis mit einer Gabel in spaghettiähnliche, lange Fäden lockern und auch wie Nudeln verzehren. Unreif geerntete Spaghettikürbisse müssen weder geschält noch entkernt werden. Spaghettikürbisse sind genau das Richtige zum Braten, für Pürees, Suppen, Gratins und Gemüsegerichte.
- **Lagerung:** Bei kühler und luftiger Lagerung sind Spaghettikürbisse bis zu 12 Monate haltbar und zum Essen auch dann immer noch ausgezeichnet.

Patisson (Kaisermütze, Scallopini, Kammmuschel)

- **Aussehen:** Mützenförmige Kürbisse mit zarter, dünner Schale, die an einen Kinderkreisel, ein Ufo oder einen Diskus mit gewelltem Rand erinnern. Farblich variieren sie von elfenbeinfarben über krokusgelb bis grün gestreift.
- **Verwendung in der Küche:** Das Fruchtfleisch ist zart und neutral, jedoch aromatischer als das von Zucchini. Auch größere Exemplare besitzen noch eine weiche Schale und müssen nicht geschält werden. Patissons eignen sich ideal zum Backen, wofür sie unterschiedlich gefüllt werden können.

Aber auch zum Grillen, für Gemüsegerichte und sogar roh im Salat sind sie eine Delikatesse.

- **Lagerung:** Die ganzen Früchte können mindestens 1 Woche im Kühlschrank aufbewahrt werden.

Mini-Patisson

- **Aussehen:** Die kleinen Exemplare werden sehr früh geerntet und sehen aus wie kleine grüne, gelbe oder cremefarbene Kreisel.
- **Verwendung in der Küche:** Mini-Patissons haben eine etwas festere Konsistenz als Zucchini. Am dekorativsten sind sie, wenn sie im Ganzen gegrillt, gekocht oder blanchiert werden. Sie sind ein idealer Salatzusatz – vorher wenige Minuten blanchieren –, aber auch eine leckere Überraschung für Grillpartys oder Gemüsegerichte.
- **Lagerung:** Mini-Patissons halten sich im Kühlschrank 1 Woche.
- **Besonderes:** So schön sich Mini-Patissons auch als Dekoration in Obstschalen machen, von allen Zierkürbissen schmecken sie am besten!

Rondini (Ronde de Nice)

- **Aussehen:** Etwa 250 g schwere, dunkelgrüne und kugelrunde Kürbisse mit glatter Schale und etwa 15 cm Durchmesser. Rondini sehen aus wie runde Zucchini. Ihre Schale ist genau wie bei Zucchini grün bis hellgrün gestreift. Praktisch ist, dass Sie junge Rondini nicht schälen müssen und auch ihre wenigen Kerne mitessen können.
- **Verwendung in der Küche:** Das Fruchtfleisch ist hell und im Geschmack ähnlich wie das von Zucchini. Rondini sind ideal zum Füllen und Schmoren. Sie können einfach wie Zucchini zubereitet und verwendet werden.
- **Lagerung:** Junge Rondini sind im Kühlschrank bis zu 3 Wochen haltbar, reife Exemplare monatelang.

Gelbe und grüne Zucchini

- **Aussehen:** Zucchini werden meist geerntet, wenn sie noch jung sind. Ihre Schale ist weich, tiefgrün oder hellgrün bis hellgelb und ohne Kerne. Zucchini werden nicht geschält. Nur bei ganz großen Exemplaren ist es ratsam, die harte Schale zu entfernen.
- **Verwendung in der Küche:** Ihr Ertragreichtum im Garten, ihre unkomplizierte Handhabung und die kurze Garzeit in der Küche haben Zucchini zu Küchenfavoriten gemacht. Man schätzt sie nicht nur zum Kochen, Dünsten, Grillen, Backen und Füllen, sondern auch als Gratin oder in einem Salat. Zucchini garen Sie, genau wie alle anderen Gartenkürbisse, am besten im eigenen Saft.

- **Lagerung:** Im Kühlschrank können Zucchini etwa 1 Woche aufbewahrt werden.
- **Besonderes:** Lässt man Zucchini ungehindert auswachsen, so können sie beachtliche Größen annehmen. Bei unseren französischen Nachbarn bezeichnet man diese reifen Sommerkürbisse oder Gartenkürbisse als »Courge«. »Courgettes« heißen dort die kleinen, zarten und unreif geernteten Exemplare.

Riesenkürbis

Botanischer Name: *Cucurbita maxima*
Andere Namen: Speisekürbis, Winterkürbis

Von klein bis riesig rangieren die unterschiedlichen Sorten der meist dickschaligen Riesenkürbisse. Ihr Fruchtfleisch ist feinfaserig, dicht, trocken bis leicht mehlig und schmeckt in der Regel weniger süßlich, aber sehr aromatisch. Geerntet werden sie am besten im reifen Zustand. Ihre Schalen sind dann meist fest bis hart und glatt oder genoppt, mit oder ohne Rippen und variieren in der Farbe von Zartgelb, Cremefarben und Goldorange über Grau, Graublau bis Schwarz. Der Stiel ist vertrocknet.

Von großem Vorteil ist, dass ausgereifte Riesenkürbisse bei richtiger Lagerung monatelang haltbar sind. Auch lassen sich beim Kochen und Backen bei Riesenkürbis-Rezepten die einzelnen Sorten problemlos untereinander tauschen.

Zum Braten und Backen, für Püree – Suppen, Pies, Desserts – und ganz besonders zum Einlegen und Einmachen sind Riesenkürbisse genau das Richtige.

Riesenkürbisse bekommen Sie problemlos von Juli bis Februar, teilweise bis April auf Wochenmärkten, in Gemüseläden und Naturkostläden oder bei türkischen Gemüsehändlern.

Ausgewählte Riesenkürbis-Sorten

Die Hubbard-Kürbisfamilie

- **Hubbard groß:** zum Beispiel Blauer Hubbard, Schwarzer Hubbard, Goldener Hubbart, Grün gewarzter Hubbard
- **Hubbard klein:** zum Beispiel Orangefarbener Hokkaido, Roter Hokkaido, Baby Red Hokkaido, Blue Ballet
- **Aussehen:** 1 bis 10 kg schwere, ovale Kürbisse mit einer festen, glatten oder genoppten Schale. Das Farbspektrum reicht von Dunkelgrün über Blaugrau bis Grünschwarz oder Gelborange über Knallorange bis Rot.
- **Verwendung in der Küche:** Das Fruchtfleisch der Hubbard-Kürbisse ist feinfaserig und dunkelgelb bis orange, schmeckt aromatisch bis nussig, leicht mehlig und nicht sehr süß. Es ist optimal zum Braten, Backen, Füllen, für Pürees (Pies und Suppen) sowie für Konfitüre und Gemüsegerichte. Kleine Hokkaido können mit Schale verzehrt werden. Sie sind geradezu zum Füllen prädestiniert. Für die großen Hubbardkürbisse braucht man oft einige Kraft zum Schälen.
- **Lagerung:** Diese wunderbaren Kürbissorten können im kühlen Keller bis in den Frühling gelagert werden.

Gelber Zentner

- **Aussehen:** Bis zu 50 kg und mehr können diese flachrunden Kürbisse erreichen, im Guinness Buch der Rekorde ist sogar ein über 800 kg schweres Exemplar registriert. Die grünlich oder zart gelborangen Kürbisse können sowohl eine glatte Schale als auch eine fein genetzte Schale besitzen. Das Fruchtfleisch ist gelborange und von mildem Geschmack.
- **Verwendung in der Küche:** Der Gelbe Zentner ist ideal zum Einmachen, Kochen und Backen. Da er keinen ausgeprägten Eigengeschmack besitzt, kombiniert man ihn am besten mit anderen aromatischen Gemüsen oder Gewürzen.
- **Lagerung:** Ab Spätsommer erhalten Sie den Gelben Zentner auf allen Wochenmärkten, selbstverständlich auch in »handlichen« Portionen. Im Ganzen gelagert, ist er viele Monate haltbar.

Potimarron (Kastanienkürbis)

- **Aussehen:** 1 bis 4 kg schwere runde, tropfenförmige Früchte mit fester, glatter Schale. Schale und Fruchtfleisch sind von leuchtend orangeroter Farbe.
- **Verwendung in der Küche:** Das feinfaserige Fruchtfleisch schmeckt süßlich und erinnert deutlich an Esskastanien (Maronen), daher auch der Name Potimarron. Man schätzt Potimarron für Desserts, Mousses, Konfitüren und Kuchen, aber auch zum Braten, Backen, für Pürees (Suppen, Pies) und roh für Salate.
- **Lagerung:** Im kühlen Keller sind diese Kürbisse 2 bis 3 Monate haltbar.

Türkenturban

- **Aussehen:** Charakteristisch bei diesen kleinen bis mittelgroßen Kürbissen ist die Form, die einem kleinen Kopf ähnelt, auf den ein großer Turban gestülpt wurde. Zwischen Kopf und Turban befindet sich eine deutlich abgegrenzte Naht. Türkenturban können bis zu 2 kg schwer werden. Auffällig sind auch ihre dekorativen Farbkombinationen, wie orange mit grünen oder cremefarbenen Streifen oder Sprenkeln.
- **Verwendung in der Küche:** Das orangegelbe und leicht mehlige Fruchtfleisch besitzt ein süßliches Nussaroma. Es ist hervorragend für Desserts, Süßspeisen und zum Backen geeignet, aber auch für Gemüsegerichte und Suppen.
- **Lagerung:** Türkenturban sind bis ins Frühjahr haltbar.
- **Besonderes:** Türkenturban werden meist nur zu Dekorationszwecken kultiviert, was schade ist, da sie auch in der Küche so viel zu bieten haben. Im Herbst sind sie manchmal bei Floristen erhältlich.

Tristar (Triamble)

- **Aussehen:** Bis zu 4 kg schwere Kürbisse mit harter, hellgrauer Schale. Die Früchte sind, wie schon ihr Name verrät, in drei (Tri) markante Schnitze oder Segmente unterteilt.
- **Verwendung in der Küche:** Das curryfarbene bis orangefarbene Fruchtfleisch ist fest, trocken, leicht mehlig und von süßlichem, karottenähnlichem Geschmack. Zum Braten, Backen, aber auch für Pürees – Suppen, Pies, Raviolifüllung –, asiatische Gemüsegerichte und süße Desserts ist Tristar genau das Richtige.
- **Lagerung:** Wunderbare Qualitätskürbisse, die sich problemlos zubereiten und monatelang lagern lassen.

Moschuskürbis

Botanischer Name: *Cucurbita moschata*
Anderer Name: Bisamkürbis

Lang, kugelrund oder abgeflacht – so sehen Moschuskürbisse aus. Ihr gelbes bis orangefarbenes Fruchtfleisch ist fest bis cremig butterzart und schmeckt nussig honigfein bis melonenähnlich süß. Typisch für den Moschuskürbis ist sein runder, plattenartiger Stielansatz, der mit dem Kürbis verwachsen ist und wie eine Scheibe auf ihm sitzt. Moschuskürbisse werden ebenso wie Riesenkürbisse im reifen Zustand geerntet. Eine Ausnahme ist der Butternusskürbis: Er wird in der Küche sowohl reif als auch unreif geschätzt. Bei optimaler Lagerung (an einem kühlen, luftigen Ort) halten sich Moschuskürbisse sehr lange, oft sogar bis zur nächsten Ernte.

Roh, für Salate, aber auch gegart sind Moschuskürbisse eine Delikatesse. Auch für Pürees, Süßspeisen, Suppen, Gemüsegerichte aller Art und zum Backen sind sie ideal. Nur zum Füllen eignen sie sich wegen ihrer weichen Schale weniger gut.

Moschuskürbisse erhalten Sie von September bis Mai auf Wochenmärkten, in Gemüseläden oder in türkischen und asiatischen Lebensmittelgeschäften.

Ausgewählte Moschuskürbis-Sorten

Butternusskürbis (Butternut, Melonensquash)

- **Aussehen:** 200 g bis 2 kg schwere, keulen- oder birnenförmige Kürbisse mit fester, glatter oder genoppter Schale. Butternusskürbisse können sowohl unreif als auch reif geerntet werden. Unreif besitzen sie eine beigegrünliche Farbe mit weicher Schale und kleinen, weichen Kernen, die ebenso wie die Schale mitgegessen werden können. Reif sehen sie je nach Sorte tiefbeige oder grün-gelblich gestreift aus.
- **Verwendung in der Küche:** Das Fruchtfleisch ist fein, hell- bis tieforange, cremig butterig und nicht sehr süß. Ideal zum Braten, Backen, für Pürees (Suppen und Pies), asiatische Gerichte und roh für Salate.
- **Lagerung:** Im kühlen Keller können Butternusskürbisse bis ins Frühjahr gelagert werden, wodurch sich ihr Aroma sogar noch verbessert.
- **Besonderes:** Halten Sie nach dieser beliebten Sorte Ausschau. Das Zerkleinern ist sehr einfach, außerdem besitzen Butternusskürbisse nur wenig Kerne, die sich im unteren, runden Drittel befinden.

Muskatkürbis (Musquée oder Muscade de Provence)

- **Aussehen:** 1 bis 10 kg schwere, flachrunde und gerippte Kürbisse mit glatter, mittelfester Schale. Mit zunehmender Reife nehmen die ursprünglich dunkelgrünen Muskatkürbisse eine gelblich ockerfarbene Tönung an. Das Fruchtfleisch ist feinfaserig und hell- bis tieforange.
- **Verwendung in der Küche:** Das Fruchtfleisch schmeckt nicht sehr süß und erinnert geschmacklich etwas an Muskatnuss oder Avocado. Es ist ideal zum Backen, Braten, für Pürees – Suppen, Kuchen, Desserts – und Konfitüren.
- **Lagerung:** Unversehrt ist Muskatkürbis bis ins Frühjahr lagerfähig.
- **Besonderes:** Der Muskatkürbis ist ein sehr beliebter Kürbis, der auch in Schnitzen angeboten wird – oft beim türkischen oder persischen Gemüsehändler, aber auch auf Wochenmärkten. Muskatkürbis sollte unbedingt reif sein, das heißt eine ockerfarbene Schale besitzen.

Mantelsackkürbis (*Cucurbita moschata convar. manticaulis*)

- **Aussehen:** Etwa 1 kg schwere, flachrunde Kürbisse mit glänzender, glatter Schale und tiefen Furchen. Die Schale ist gelborange und grün. Das Fruchtfleisch ist tieforange und von angenehmem süßlich aromatischen Geschmack.

- **Verwendung in der Küche:** Frisch geerntet, eignet sich Mantelsackkürbis gut für Rohkostsalate. Etwas gelagert, ist er optimal zum Kochen, Backen und für Desserts.
- **Lagerung:** Mantelsackkürbisse lassen sich sehr lange lagern, sogar bei vorzeitiger Ernte.

Exotische Kürbisse

Nachdem Sie nun die bekanntesten Vertreter der drei Kürbisarten Gartenkürbis, Riesenkürbis und Moschuskürbis kennen gelernt haben, begeben wir uns in exotischere Gefilde. Bittermelone oder Flaschenkürbis, die aus dem asiatischen und afrikanischen Raum stammen, zählen zu anderen Kürbisarten als die bei uns bekannten Sorten, sind aber mindestens ebenso köstlich.

Ausgewählte exotische Kürbis-Sorten

Bittermelone (Karela, Chinesische Bittermelone, Bittergurke, Balsambirne)
Die kleinen hellgrünen Karelas oder Bittermelonen bekommen auch bei uns eine immer größere Bedeutung. In den afrikanischen, indischen und südostasiatischen Küchen schätzt man sie schon lange – wie die vielen Namen dieses Kürbisgewächses erahnen lassen. Karelas bringen eine zartbittere Geschmacksnuance in unseren Speiseplan – etwa wie wilder Löwenzahn. Und nicht nur das, sie regen den Appetit an, fördern die Verdauung, reinigen das Blut und die Haut und helfen gegen Übergewicht.

- **Aussehen:** Zum Einsatz in der Küche kommen die hellgrünen, noch unreifen Karelas, wenn sie 2 bis 6 cm dick und 10 bis 30 cm lang sind. Sie besitzen eine mittelfeste, noppige Schale mit Längsrippen, die sich über die ganze Frucht verteilen. Die Kerne der kleinen hellgrünen Karelas können Sie mitessen, bei den großen dunkelgrünen Exemplaren sollten sie lieber entfernt werden. Das Fruchtfleisch ist hellgrün und von zartbitterem Geschmack.

- **Verwendung in der Küche:** Karela reicht man immer nur in kleinen Mengen zu Beginn einer Mahlzeit – sozusagen als Appetitanreger – zusammen mit Reis und Gemüsegerichten. In Bengalen beginnt man ein Festmahl immer mit einem leicht bitter schmeckenden Gemüsegericht, bei dem Karela nie fehlen darf. Sehr beliebt sind gebratene und gewürzte kleine Karelaringe, doch eignen sich Karelas auch sehr gut zum Füllen.
- **Besonderes:** Wer den bitteren Geschmack etwas abmildern will, kann Karela schälen. Die getrockneten und frittierten Schalenstückchen sind über Reis oder Dal (Linsensuppe) gestreut eine wahre Delikatesse.
- **Lagerung:** Im Kühlschrank halten sich Karelas 3 bis 4 Tage.
- **Erhältlich:** Bittermelonen sind meist das ganze Jahr über in indischen, orientalischen, türkischen oder chinesischen Lebensmittelgeschäften erhältlich – eventuell auf Bestellung.

Flaschenkürbis (Kalebasse, Louki)

Der Flaschenkürbis ist ein weiteres Mitglied der Kürbisgroßfamilie. Er ist auch aus Kunst und Kultur bekannt. In Afrika und Asien nämlich verwendet man die holzige, harte Schale bestimmter ausgereifter und ausgehöhlter Exemplare als leichte, stabile, preiswerte und wasserdichte Gefäße (Kalebassen), und in Indien stellt man aus einigen Sorten Musikinstrumente her. Die essbaren Flaschenkürbissorten sind nicht nur köstlich, sondern enthalten unter anderem wertvolles Carotin.

- **Aussehen:** Der junge, zarte Flaschenkürbis erinnert im Aussehen und Geschmack stark an hellgrüne, größere Zucchini. Das Fruchtfleisch des Flaschenkürbisses ist weißlich, zart und geruchsneutral – ähnlich wie bei Zucchini.
- **Verwendung in der Küche:** Geschmacklich ist der Flaschenkürbis neutral bis leicht süßlich. Die weiche Schale der kleinen Exemplare kann entweder mitverzehrt oder abgeschält werden. Ebenfalls delikat schmecken die weichen Kerne – vor allem die der größeren Exemplare, wenn sie in etwas Öl und mit Gewürzen angeröstet werden. Flaschenkürbis ist ideal für Gemüsegerichte, zum Braten, Grillen und für Desserts. Wenn man ihn füllen will, reicht es, ihn zu waschen, für Gemüsegerichte sollten Sie ihn schälen.
- **Lagerung:** Im kühlen Raum (aber nicht im Kühlschrank) sind Flaschenkürbisse mindestens 2 bis 3 Wochen haltbar. Angeschnittene Exemplare sollten Sie allerdings im Kühlschrank aufbewahren und innerhalb von 2 Tagen verbrauchen.
- **Erhältlich:** Flaschenkürbis bekommen Sie das ganze Jahr über – meist auf Bestellung – in indischen, persischen und asiatischen Lebensmittelgeschäften oder in gut sortierten Gemüseläden mit exotischen Südfrüchten.

Chayote (Stachelgurke, Chou-Chou, Christophine)

Die tropische Kletterpflanze mit den langen Trieben ist ein weiteres Mitglied aus der Familie der Kürbisgewächse. Chayote ist unter vielen Namen bekannt, wie Chou-Chou, Chocho, Shu-Shu, Chinchayote, und in der Karibik nennt man sie Christophine. Bevor sich die Frucht von der Pflanze löst, keimt darin schon der Samen. So können sich am stumpfen Ende unreifer, grüner Früchte bereits die Keimblätter und Wurzeln der Jungpflanze zeigen.

- **Aussehen:** 200 bis 400 g schwere, birnenförmig ovale harte Frucht mit einem flachen Samen. Da die hellgrünen Chayote einen klebrigen Saft absondern, ist es ratsam, sie unter fließendem Wasser zu schälen. Das Fruchtfleisch ist weißgrünlich, fest und leicht süßlich im Geschmack. Im Geruch erinnert Chayote etwas an Gurke oder Zucchini.
- **Verwendung in der Küche:** Chayote sind roh und geschält für Salate, gekocht für Gemüsegerichte (zum Beispiel süßsaures Kürbisgemüse) und ungeschält zum Füllen ideal.
- **Erhältlich:** Chayote bekommen Sie in asiatischen Lebensmittelgeschäften und in exotischen Gemüsegeschäften (oft auf Bestellung).
- **Lagerung:** Im Kühlschrank sind Chayote etwa 2 Wochen haltbar.

- **Besonderes:** Würzen Sie Chayote wegen ihres schwachen Eigengeschmacks kräftig mit Zitronensaft, frischen Kräutern, Ingwer, Currypulver und Palmzucker oder Vollrohrzucker. Nehmen Sie nur feste Früchte, weiche Chayote beginnen schon zu faulen.

Zierkürbisse

Prächtige Farben und beeindruckende Formen – es ist kein Wunder, dass die Kürbisfamilie die Fantasie kreativer Zeitgenossen beflügelt. Mehrere farbenfrohe Kürbisse in einer Schale sind eine wunderbare Dekoration auf so mancher Kommode, für den Flur oder den Garten. Wie die mittelgroßen und vielfarbigen Kronenkürbisse oder Krakenkürbisse, die in ihrer Form Tintenfischen ähneln, gehören die meisten Zierkürbisse zur Familie der Gartenkürbisse *(Cucurbita pepo)*, einige wenige sind auch den Riesenkürbissen zuzuordnen *(Cucurbita maxima)*. Mit ihnen können Sie bis zu fünf Monate lang interessant und formschön dekorieren.

Wer mit Kürbissen bunte Blickfänge schaffen will, befindet sich in einem Dilemma: Man muss sich entscheiden, ob man sie für dekorative oder für kulinarische Zwecke einsetzen möchte. Beliebte essbare Sorten sind zum Beispiel 'Mini-Patisson' (siehe Seite 12), 'Jack be Little', 'Baby Boo' und 'Türkenturban' (siehe Seite 16).

Kürbisblüten

Nicht nur die Früchte der Kürbispflanze sind faszinierend, sondern auch ihre Blüten. Groß, trichterförmig glockig und gelb prangen sie an den Pflanzen. Die männlichen Blüten sind größer und zur Befruchtung nötig. Aus den zierlicheren weiblichen Blüten wächst später die Kürbisfrucht heran.

Kürbisblüten sind nicht nur eine Augenweide. Sie können sie auch für kulinarische Zwecke verwenden: zum Füllen, Braten und Garnieren. Unser Tipp: Verwenden Sie zum Füllen die größeren männlichen Blüten. Lassen Sie jedoch beim Pflücken einige männliche Blüten stehen, damit sich Ihre Kürbispflanzen auch in Zukunft weiter fortpflanzen können.

Kürbiskerne und Kürbiskernöl

Die hoch geschätzten grünen Kürbiskerne und das wertvolle Kürbiskernöl stammen aus dem Inneren eines bestimmten Gartenkürbisses, des Ölkürbisses Herakles *(Cucurbita pepo* var. *styriaca)* aus der österreichischen Steiermark.

Grüne Kürbiskerne sind nicht nur eine aromatische, sondern auch eine sehr gesunde Knabberei. Die Heilwirkung grüner Kürbiskerne bei Blasen- und Prostatabeschwerden ist in der Volksheilkunde schon lange bekannt. Die Kerne sind in Naturkostläden und Reformhäusern erhältlich.

Das kostbare Kürbiskernöl gewinnt man aus den gerösteten grünen Kürbiskernen. Es besitzt ebenfalls einen aromatischen, nussartigen Geschmack und ist von dunkler Farbe. Kürbiskernöl sollte nicht erhitzt werden. Deshalb eignet es sich weniger gut zum Braten und Dünsten, doch kleine Mengen können jedes delikate Gericht weiter verfeinern. Besonders lecker schmeckt es als Salatöl, vor allem für Blattsalate (je nach Gusto auch mit anderem Pflanzenöl verdünnt). Und wer möchte, kann auch einige Tropfen Kürbiskernöl über eines unserer zahlreichen Kürbisgerichte träufeln.

Guten Appetit!

Kürbis im Garten

Saat, Zucht und Aussaat

Ab März oder April geht es auf der Fensterbank mit der Anzucht los: Jeweils zwei bis drei Samen werden in ein Töpfchen mit guter Anzuchterde gesteckt, die kräftigste Pflanze wird weiterkultiviert. Bei einer Temperatur von 22 bis 25 °C rühren sich die Keimlinge schon nach 6 bis 8 Tagen.

Danach vertragen die jungen Pflänzchen schon die erste Düngergabe, denn Kürbisse sind Starkzehrer – sie sind immer hungrig. Wer zur Anzucht Komposterde verwendet, kann mit dem Düngen noch etwas warten.

Nach Mitte Mai, wenn die Eisheiligen mit den letzten Frostnächten vorüber sind, werden die jungen Pflanzen an Ort und Stelle in den Garten gepflanzt. Zur gleichen Zeit können Sie die Kürbisse aber auch direkt im Freiland aussäen. Gerade Lagerkürbisse holen die etwas spätere Aussaat schnell wieder ein. Das ist besonders dann interessant, wenn viele Kürbisse gezogen werden sollen und der Platz auf der Fensterbank zu knapp wird.

Sinnvoll ist eine Aussaat in Etappen: Die früh reifenden Sorten wie Zucchini, Rondinis und Ufo-Kürbisse, die im Sommer auf den Tisch kommen sollen, werden im Haus angezogen. Damit gewinnen Sie zusätzlich einen gewissen Vorsprung und die Ernte kann früher beginnen. Winterkürbisse zum Lagern kommen direkt ins Freiland. Ein Pflanzloch wird mit reifem Kompost gefüllt, die Jungpflanze gesetzt und gut angegossen.

Nicht nur in der Küche, sondern auch im Garten sind Kürbisse unproblematisch. Sie lieben Wärme und gedeihen deshalb am besten an geschützten Standorten in voller Sonne, nehmen aber auch mit einem gelegentlich beschatteten Platz vorlieb.

Ansprüche verschiedener Sorten

Der Pflanzabstand hängt von der Größe der Früchte und der Rankfreudigkeit der Sorte ab. Der kleine Gartenkürbis 'Jack be Little' beispielsweise kommt mit etwa 0,3 Quadratmeter Platz aus, der rekordverdächtige 'Atlantische Riese' dagegen verlangt entsprechend große Flächen. Für den »normal großen« Speisekürbis reichen 0,5 bis 1 Quadratmeter Platz.

Wenn Sie rankende Sorten über Gitter und Zäune klettern lassen, schaffen Sie nicht nur einen schnell wachsenden Sichtschutz, sondern sparen auch Beetfläche. Wegen des Gewichts der reifen Früchte sind es aber eher die kleinfruchtigen Sorten, die dafür in Frage kommen. Mit ihnen lassen sich sogar Balkon oder Terrasse begrünen! Ein großer Topf oder Kübel bietet genug Platz für einen 'Baby Boo' oder einen 'Patidou' – beides Gartenkürbisse – oder für eine Mini-Flaschenkürbis-Pflanze, deren Früchte jung genießbar sind und die im vollreifen Zustand noch eine wunderschöne Dekoration abgeben. Sogar Zucchini, die zwar nicht ranken, aber mächtig ausufern, können in ausreichend großen Gefäßen kultiviert werden. Dafür sind etwa Mörtelkübel geeignet. Achten Sie darauf, dass sich im Boden ein Loch befindet, damit überschüssiges Gießwasser abfließen kann.

Übrigens: Der Gartenkürbis 'Lady Godiva' wird vor allem wegen seiner schalenlosen Kerne gerne angebaut. Die getrockneten mineralstoffreichen Kerne haben einen feinen Mandelgeschmack und schmecken sowohl roh als auch geröstet gut.

Bodenqualität und Pflege

Die Pflanzen im Garten direkt auf den Kompost zu setzen, wie es häufig gemacht wird, ist nicht zu empfehlen. Das wäre des Guten zu viel. Der Kürbis bedient sich dort zwar gerne vom überreichen Nährstoffangebot, es besteht aber die Gefahr, dass die Früchte Nitrat anreichern, was den gesundheitlichen Wert beeinträchtigen kann. Außerdem leidet die Haltbarkeit bei zu stark angetriebenen Früchten. Neben dem Kompost ist eindeutig der bessere Platz für die Pflanze. Dort profitiert sie von der Nährstoff-Ausschwemmung, wird aber nicht damit »überschwemmt«, und die Kürbisranken können gleichzeitig den Kompost bedecken und für den dort gewünschten Schatten sorgen.

Wer Pferdemist zur Verfügung hat, kann damit den Kürbissen einen Extra-Kompost ansetzen oder gleich im Herbst das für die Kürbispflanzung vorgesehene Beet mit Mist versorgen.

Als Startdüngung kommt neben der Kompostgabe auch ein organischer Volldünger in Frage. Für die nachfolgende Düngung, die vor allem von den dickfruchtigen Sorten in der Wachstumsphase gebraucht wird, sind Pflanzenjauchen ideal, zum Beispiel aus Brennnessel und Beinwell.

Wasser brauchen Kürbisse reichlich und regelmäßig, es ist fast wichtiger als die Düngung, denn an heißen Tagen verdunstet durch die große Blattoberfläche die über die Wurzeln aufgenommene Feuchtigkeit sehr rasch. Ist es zu trocken, hängen die Blätter schlapp. Damit die Versorgung der Früchte nicht leidet, sollten Sie es nicht so weit kommen lassen.

Unkraut und Schädlinge

Unkraut ist auf dem Kürbisbeet kaum ein Problem, denn die üppige Blattmasse bedeckt den Boden schnell und lässt so die unerwünschte Konkurrenz kaum aufkommen. Nur anfangs sollten Sie hacken, später ist keine Bodenbearbeitung mehr nötig. Mulchen mit organischem Material unterdrückt zu Beginn die unerwünschten Beikräuter und hält auch die Feuchtigkeit im Boden.

Unter den tierischen Schädlingen sind es vor allem die Nacktschnecken, die Kürbisblüten lieben und auch junge Früchte benagen. Ausgelegte Bretter, unter denen sich die Schnecken tagsüber verkriechen und von denen sie abgesammelt werden können, können die Tiere von den Kürbissen weglocken. Andere Maßnahmen wie Sand, Sägemehl oder Getreidespelz, welche um die Pflanzen gestreut werden, wirken nur, solange das Material trocken ist. Vorbeugend gegen Falschen Mehltau, der Kürbisse wie auch Gurken befällt, sollten die Kürbisse nicht am Nachmittag oder Abend gewässert werden, damit die

Blätter vor der Nacht abtrocknen können. Echter Mehltau kann Ihren Pflanzen ebenfalls zu schaffen machen. Im Hobbygarten wirkt sich ein Befall meist erst zu fortgeschrittener Kulturzeit stark schädigend auf die Kürbisse aus, sodass Sie auf Pflanzenschutzmaßnahmen eher verzichten können.

Eigenes Saatgut ziehen

Das Saatgut für selbst gezogene Kürbisse bekommen Sie theoretisch schon beim Kochen. Sie können einfach die anfallenden Kürbiskerne trocknen und nach Sorten getrennt aufbewahren. Wenn sie diese aussäen und sich dann die ersten Früchtchen zeigen, können Sie aber unter Umständen eine Überraschung erleben. Da sich Kürbisse sehr leicht kreuzen, ist es nicht unwahrscheinlich, dass Sie andere Früchte vorfinden als erwartet. Dann ist Ihr Kürbis von einer anderen Sorte der gleichen Art bestäubt worden und hat kein sortenreines Saatgut hervorgebracht. Speisekürbis bleibt zwar immer Speisekürbis, aber Form und Geschmack können sich bei den Kreuzungen doch erheblich ändern.

Wer den eigenen Wunschkürbis anbauen möchte, ohne böse Überraschungen zu erleben, hat zwei Möglichkeiten: entweder über spezielle Saatgutversender sortenreines Saatgut bestellen (siehe Adressen Seite 211) oder das eigene Saatgut züchten. Wenn Sie mehrere Sorten anbauen, sollten Sie auf jeden Fall einige »Sicherheitsvorschriften« beachten, damit es nicht zu unerwünschten Kreuzungen kommt: 800 Meter Mindestabstand zur nächsten

blühenden Pflanze aus der gleichen Gattung sind ein Muss, um einigermaßen sicherzugehen, dass die eigene Pflanze nicht durch Insekten mit den Pollen der anderen Pflanze bestäubt wird. Selbst dann kann man nicht ganz sicher sein, einen wirklich sortenreinen Kürbis zu erhalten.

Um dem vorzubeugen, empfiehlt es sich, die Blüten der zur Weitervermehrung bestimmten Pflanzen von Hand zu bestäuben. Dabei werden Pollen von einer männlichen Blüte auf eine weibliche (man erkennt sie an den kleinen Fruchtansätzen unter der Blüte) übertragen und die weibliche Blüte danach mit einem geeigneten Klebeband zugeklebt, damit keine weitere Bestäubung stattfinden kann.

Die Früchte, die aus dieser Bestäubung hervorgehen, sollen am Stock voll ausreifen, die Samen werden dann sorgfältig und schonend getrocknet. Kürbissaatgut bleibt bei richtiger Lagerung mindestens 5 Jahre keimfähig.

Wir wünschen viel Vergnügen beim Ziehen (und Verspeisen) Ihrer eigenen Lieblingssorten!

Gewürze rund um den Kürbis

Gewürze und Gewürzmischungen sind das Zauberwort und das Erfolgsgeheimnis jeder guten Küche – die leckere Kürbisküche macht da keine Ausnahme. Gewürze können unseren Speisen aromatische, interessante und farbenfrohe Nuancen verleihen. Richtig würzen will gelernt sein. Eine gute Köchin und ein guter Koch weiß, mit welchen Gewürzen welche Geschmacksnuancen verstärkt oder abgemildert werden.

Gewürze sind beileibe nicht gleichbedeutend mit »scharf«. Nicht wenige Gewürze verfeinern sowohl süße als auch pikante Gerichte, zum Beispiel Muskat, Kardamom, Ingwer, Zimt oder Gewürznelken. Manche Gewürze verleihen den Speisen ein wunderschönes farbenfrohes Aussehen wie Kurkuma, Paprikapulver oder Safran. Bei anderen wiederum schätzt man ihr außergewöhnliches Aroma.

Gewürze sind aber noch weitaus mehr als Appetitanreger und Gaumenschmeichler: Sie helfen der Verdauung, wehren Krankheitserreger ab und machen fit und munter. Immer mehr setzt sich auch in unseren Breiten das Bewusstsein durch, dass kluges Würzen nicht nur den Speisezettel bereichert, sondern vor allem auch der Gesundheit und sogar der Psyche viel Gutes tut. Jedes Gewürz hat seine ganz spezifische Wirkung auf die Organe.

Der milde, süßliche Kürbis lädt regelrecht dazu ein, mit den geeigneten Gewürzen zu kochen und zu experimentieren. Verwenden Sie Gewürze aber immer in behutsamen Mengen und auch nicht zu viele verschiedene Gewürze in einer Zubereitung. Denn auch bei Gewürzen gilt: Weniger ist mehr. Einige beliebte Gewürze, die ideal zu Kürbisgerichten aller Art passen, haben wir im Folgenden etwas näher beleuchtet.

Asafoetida

Asafoetida (englisch: hing) stammt aus der jahrtausendealten Ayurveda-Küche Indiens, wo sie als Gewürz und Heilmittel Verwendung findet. Sie wird zur Anregung der Verdauung und der Gedächtniskraft, zur Linderung von Schmerzen und Blähungen und als Hilfe bei Frauenbeschwerden eingesetzt. Im Geruch und Geschmack erinnert das Gewürz etwas an Knoblauch oder Zwiebeln.

Mit Asafoetida verfeinert man Gemüsegerichte, insbesondere Kohl, sowie alle Gerichte mit Hülsenfrüchten. Überhaupt setzt man sie überall dort ein, wo man ihren etwas pikanten und an Zwiebel erinnernden Geschmack schätzt. Ihr Aroma entfaltet sich am besten, wenn sie geröstet oder gekocht wird.

Asafoetida bekommen Sie im indischen oder asiatischen Lebensmittelladen oder beim Gewürzversand (siehe Seite 211) als Pulver oder als Harz (das wie Muskat gerieben wird). Für die Rezepte in diesem Buch haben wir das Pulver verwendet.

Bockshornkleesamen

Die viereckigen, ziemlich flachen, beigebräunlichen Samen schmecken leicht nussig. Bockshornkleesamen sind in Indien fester Bestandteil jeder Currymischung. In der Heilkunde schätzt man ihre Wirkung auf das Nervensystem, die Leber, Nieren und Schleimhäute.

In der Küche verwendet man die Samen gemahlen wie ungemahlen. Sie passen hervorragend zu pikanten Kürbisgerichten, Salaten und Suppen. Achten Sie darauf, dass die Samen beim Rösten nicht anbrennen, was ihnen einen bitteren Geschmack verleihen würde.

Bockshornkleesamen sind im Naturkostladen, Reformhaus, Gewürzladen, im indischen oder asiatischen Lebensmittelgeschäft oder im Versand (siehe Seite 211) erhältlich.

Ingwer

Ob frisch oder in Pulverform, Ingwer ist eines der beliebtesten Gewürze rund um den Erdball – auch in unseren Breitengraden. Nicht ohne Grund, denn Ingwer hat die Fähigkeit, sowohl süße als auch pikante Speisen mit einer angenehmen Schärfe abzurunden. Willkommen sind natürlich auch seine zahlreichen Heilwirkungen, unter anderem wirkt er verdauungsanregend, entschlackend und schützt vor Erkältungskrankheiten.

Aus der Kürbisküche ist Ingwer nicht wegzudenken. Frischer Ingwer verfeinert Gemüsegerichte, Suppen und Konfitüren, wohingegen Ingwerpulver gut zu Gebäck passt. Kaufen Sie frischen Ingwer immer nur in kleinen Mengen und achten Sie darauf, dass die Schale noch fest und glatt ist.

Frische Ingwerwurzeln bekommen Sie im gut sortierten Gemüsegeschäft oder Supermarkt.

Kardamom

Kardamom stammt aus Vorderindien. Es gibt zwei Arten von Kardamom, den grünen, kleinen (im Aroma stärkeren) und den roten, großen Kardamom. Wir bevorzugen die grünen Kardamomkapseln. Nach Safran und Vanille ist Kardamom das teuerste Gewürz. Geschmacklich ähnelt er Zitronenschalen und Eukalyptus. Er kann nicht nur den gesamten Stoffwechsel anregen, sondern auch die Gedächtnisleistung steigern und die Stimmung aufhellen.

Wirklich gute Qualität hat Kardamom, wenn die in den grünen Hülsen enthaltenen Samen schwarz sind. Beige Samen sind noch unreif und von schwacher aromatischer Kraft. In der Küche werden die aus den grünen Kapseln herausgelösten schwarzen Samen ganz oder gemahlen verwendet. Die aromatischen Samen passen sowohl zu süßen als auch zu pikanten Kürbisgerichten.

Kardamom bekommen Sie im Gewürzladen, Reformhaus, Naturkostladen, im indischen Lebensmittelgeschäft oder beim Gewürzversand (siehe Seite 211).

Koriander

In der asiatischen Küche sind die rundlichen beigen Korianderkörner etwas Besonderes. Sie schmecken mild und dennoch aromatisch. Koriander stärkt Körper und Herz und regt die Verdauung an.

In der Kürbisküche passt Koriander zu allen Gerichten, ebenso zu Broten, Suppen, Gemüse- und Reisgerichten, Salaten, Chutneys, Lebkuchen und Weihnachtsgebäck. Selbst viele Gewürzmischungen (wie Currypulver oder Garam Masala) kommen nicht ohne Koriander aus.

Die frischen grünen Korianderblätter werden in der asiatischen und lateinamerikanischen Küche so häufig verwendet wie hierzulande die Petersilie.

Koriander ist in Gewürzläden, Naturkostläden und Supermärkten gemahlen oder in Form ganzer Körner erhältlich. Frische Korianderblätter bekommen Sie in gut sortierten Gemüsegeschäften oder asiatischen Lebensmittelgeschäften.

Kreuzkümmel

Kreuzkümmel (auch Cumin genannt) ist in Indien, Ostasien und im Mittelmeerraum beheimatet. Obwohl er mit unserem Kümmel verwandt ist, schmeckt Kreuzkümmel doch völlig anders. In der Heilkunde schätzt man seine stärkende Wirkung auf Darmflora, Augen, Herz, Leber und Nieren.

Mit Kreuzkümmel verfeinert man pikante Kürbisgerichte, Joghurtspeisen und Salate sowie die in Indien beliebten pikanten Joghurtgetränke (Lassi). Currymischungen sind ohne Kreuzkümmel undenkbar. Der volle Geschmack und das Aroma entwickeln sich erst, wenn man die ganzen Kreuzkümmelsamen trocken in der Pfanne röstet.

Kreuzkümmel gibt es im Gewürzladen oder Naturkostladen, im asiatischen, türkischen und indischen Lebensmittelgeschäft oder beim Gewürzversand (siehe Seite 211).

Kurkuma

Leuchtend gelb und fein ist das Kurkumapulver. In Europa kennen wir Kurkuma (auch Gelbwurz oder Turmerik genannt) meist nur durch das Currypulver, dem sie seine typische Farbe verleiht. Kurkuma, bekannt als natürliches Antibiotikum, verleiht allen Speisen ein farbenprächtiges und appetitanregendes Aussehen. Auch bei vielen Kürbisgerichten darf Kurkuma nicht fehlen.

Kurkuma bekommen Sie in Gewürzläden, Naturkostläden, asiatischen und indischen Lebensmittelgeschäften.

Muskatnuss und Muskatblüte

Muskat verfeinert in kleinen Mengen, am besten frisch gerieben, sowohl pikante als auch süße Speisen. Dies gilt natürlich auch für alle Kürbiszubereitungen. In Maßen verwendet, wirkt die Muskatnuss antiseptisch, entblähend und verdauungsanregend. Diese Wirkung wird im Verbund mit anderen Gewürzen wie Kardamom und Ingwer noch verstärkt.

Die Muskatblüte, auch Macis genannt, ist der orangefarbene getrocknete Samenmantel der Muskatnuss. Vor allem gemahlen schätzt man sie für Weihnachtsgebäck und andere Backwaren, wie Gewürzkuchen. Macis ist etwas feiner im Geschmack als Muskatnuss.

Muskatnuss (ganz oder gemahlen) und Macis gibt es im Gewürzladen, Naturkostladen und Reformhaus.

Gewürznelken

Gewürznelken sollte man wegen ihres hohen Anteils an ätherischen Ölen immer nur sparsam einsetzen. In Indien bietet man als Erfrischung und zur Verdauungsanregung nach dem Essen manchmal Gewürznelken zum Kauen an.

Nelken sind ideal für Kürbisgerichte, aber auch zum Aromatisieren von Kuchen und Gebäck sowie für Kompott, Obstsalate, Chutneys, Saucen, Suppen und Gemüse.

Nelken erhalten Sie im Gewürzladen, Supermarkt oder Naturkostladen. Kaufen Sie jedoch nur dicke und runde Gewürznelken, keine verschrumpelten.

Safran

Safran wird aus den getrockneten Blütennarben des Safran-Krokus gewonnen. Er ist das teuerste Gewürz der Welt, da jede Krokusblüte nur 3 – 4 Safranfäden enthält. Sein Geschmack ist eine Kombination aus angenehm scharf, leicht bitter und zugleich süßlich und honigartig. In der Heilkunde schätzt man seine vitalisierende Wirkung, auch auf Kreislauf, Verdauung und Psyche.

Safran färbt und aromatisiert Desserts (auch Kürbisdesserts), Gebäck, Reisgerichte und Getränke. Ganze Safranfäden sollten vor dem Kochen 10 Minuten eingeweicht werden; das verstärkt ihr Aroma und die Farbintensität.

Safran bekommen Sie im Gewürzladen, im indischen und persischen Lebensmittelgeschäft und beim Gewürzversand (siehe Seite 211).

Schwarze Senfkörner

Genau genommen sind die kleinen Senfsamen des Braunen Senfs (englisch: mustard) nicht schwarz, sondern violettbraun. Sie haben hervorragende antibakterielle und verdauungsfördernde Eigenschaften, daneben stärken sie Leber, Atemwege und Herz.

Mit Senfsamen würzt man pikante Kürbisgerichte, aber auch andere Gemüse- und Linsengerichte, sowie Chutneys, Suppen und Saucen. Ihr volles Aroma entfalten die kleinen Samen, wenn sie in etwas Fett angeröstet werden, bis sie im (geschlossenen) Topf springen.

Schwarze Senfkörner gibt es im Gewürzladen, im indischen oder persischen Lebensmittelgeschäft oder beim Gewürzversand (siehe Seite 211).

Schwarzkümmel

Schwarzkümmel hat unzählige Namen: In indischen Geschäften findet man die Samen als »Kalonji« oder »Kalinji«; auf den Packungen werden sie fälschlicherweise als »schwarze Zwiebelsamen« bezeichnet, und in orientalischen Geschäften wiederum erhält man sie unter dem Namen »Siyah Daneh« oder »schwarze Samen«. Schwarzkümmelsamen sind in der Heilkunde hoch geschätzt: Sie helfen bei Bronchialerkrankungen und stärken Augen, Ohren, Muskeln, Knochen, Haut und Leber. Darüber hinaus regen sie Magen-Darm-Trakt, Harnwege und Kreislaufsystem an.

Kalonji passt hervorragend zu Kürbis-Pakoras (Kürbis im Teigmantel, siehe Seite 110), zu Gemüsegerichten oder an Stelle von Sesam über Fladenbrote gestreut.

Schwarzkümmel bekommen Sie im Gewürzladen, in indischen und persischen Lebensmittelgeschäften sowie beim Gewürzversand (siehe Seite 211).

Tamarinde

Tamarinde ist bei den meisten süßsauren Gerichten Indiens mit von der Partie und beinhaltet neben anderen Vitaminen vor allem viel Vitamin C. Tamarinde regt den Appetit an, löscht den Durst, fördert die Verdauung und stärkt das Herz.

Der süßsäuerliche Geschmack der Tamarinde passt ideal zu Kürbisgerichten und wird in Südindien auch gerne für süßsaure Gemüse- und Reisgerichte sowie Dals (Linsensuppen) verwendet.

Tamarindenextrakt oder getrocknete Tamarinde bekommen Sie im indischen Lebensmittelgeschäft oder beim Gewürzversand (siehe Seite 211).

Falls Sie kein Tamarindenextrakt, sondern die getrockneten Tamarindenschoten (in Blockform verpackt) verwenden, weichen Sie etwa 50 g in einer kleinen abgedeckten Schüssel mit 250 ml kochend heißem Wasser 15 – 20 Minuten ein. Gießen Sie das Ganze dann durch ein feines Sieb ab und passieren Sie die Tamarinde mit einem Holzlöffel so lange, bis möglichst alles Mark durch das Sieb gepresst ist. Kratzen Sie dabei mit dem Löffel auch das Mark ab, das sich auf der Unterseite des Siebes befindet.

Zimt

Ähnlich wie Ingwer schätzt man Zimt nicht nur als Gewürz, sondern nahezu als ein Universalheilmittel. Zimt wirkt milder als Ingwer und ist gerade für Menschen mit angeschlagener Gesundheit sehr wohltuend. Er hilft gegen Erkältungen, reinigt das Blut und stärkt den Kreislauf und die Verdauung.

Die goldbraunen Zimtstangen oder das Pulver schätzt man zum Aromatisieren von Gebäcken aller Art, Milch und Milchspeisen, Suppen, Gemüse-, Dal-(Linsen-) und Reisgerichten sowie von Getränken und Desserts. Damit ist Zimt geradezu prädestiniert, sowohl süße als auch pikante Kürbisgerichte zu verfeinern.

Zimt gibt es (als Pulver oder als Stange) im Gewürzladen und Naturkostladen sowie im Supermarkt.

Zitronenpfeffer

Zitronenpfeffer ist eine Gewürzmischung aus schwarzem Pfeffer, Zitronenschalen und Kurkuma. Sie bekommen ihn in Gewürzläden oder beim Gewürzversand.

Geheimtipps aus der Kürbisküche

Geröstete Kürbiskerne

Was tun mit all den Kürbiskernen? Die Frage, die beim Kochen mit Kürbis automatisch auftaucht, hat man auf dem Balkan und in der Türkei auf eigene Weise gelöst. Dort sind getrocknete und geröstete Kürbiskerne eine beliebte Knabberei – egal, ob mit oder ohne Salz. Probieren Sie selbst, welche Kürbissorte die leckersten Kerne abwirft.

So wird's gemacht:

- Kürbiskerne gut waschen, von feinen Fasern befreien und zum Trocknen auf einem Tuch oder Zeitungspapier auslegen. Dann die getrockneten Kerne mit oder ohne Fett in der Pfanne rösten (je nach Gusto einfach pur oder mit etwas Salz und Gewürzen wie Currypulver). Die abgekühlten Knabberkerne können Sie in einem Schraubglas aufbewahren.
- Manche mögen die Kerne mit Schale, andere »knacken« sie lieber und essen nur das feine Innere. In jedem Fall wünschen wir Ihnen viel Spaß beim Knabbern!

Leckere Flaschenkürbiskerne

Unsere persönlichen Favoriten sind die frischen, weichen Kürbiskerne des indischen Flaschenkürbis. Im Geschmack erinnern sie etwas an Sonnenblumenkerne.

So wird's gemacht:

- Die Flaschenkürbissamen in der Pfanne mit etwas Öl, Butter oder Butterschmalz anrösten und nach Wunsch würzen, zum Beispiel mit Currypulver, Paprikapulver oder Kräutern der Provence.
- So schmecken sie besonders gut über Reisgerichte oder Nudelgerichte gestreut.

Grüne Kürbiskerne

Schalenlose grüne Kürbiskerne sind eine ganz besonders aromatische Knabberei. Sie stammen von einer besonderen Ölkürbissorte (siehe auch Seite 23) und sind in Naturkostläden und Reformhäusern erhältlich.

Genießen Sie die grünen Kürbiskerne roh oder geröstet, zum Beispiel über Kürbissuppe oder Salat gestreut, zum Verfeinern von Saucen, Pesto, zum Backen oder für Konfekt. Auch als Sprossen über Salat oder auf dem Brot machen sie sich ausnehmend gut. Rezepte mit grünen Kürbiskernen finden Sie auch im Rezeptteil.

Bittermelonen-Crunchies

Um der Bittermelone ihren bitteren Geschmack etwas zu nehmen, kann man sie mit einem Sparschäler schälen und ihre Schalen ausgebreitet auf einem Tuch in der Sonne oder an der Heizung trocknen. Die trockenen Schalenstückchen lassen sich gut in einem Schraubglas aufbewahren. Sie können aber auch die ganze Bittermelone in hauchdünne Scheiben schneiden und trocknen.

Bei Bedarf rösten Sie die Bittermelonenstückchen dann einfach schnell in etwas Öl oder Butterschmalz an. Mit etwas Salz oder Currypulver bestreut oder einfach pur sind Bittermelonen-Crunchies eine delikate Verfeinerung. Sie werden über Suppen, Dals (indische Linsensuppen), Bratkartoffeln, Nudel- oder Reisgerichte gestreut oder ähnlich wie Kartoffelchips geknabbert. Ihr mild bitterer Geschmack wirkt anregend auf die Verdauung.

Für Tierfreunde

Gerade in der kalten Jahreszeit freuen sich Vögel und andere Tiere über getrocknete Kürbiskerne, die ihre Speisekarte gehaltvoll erweitern. So finden Ihre im Sommer und Herbst getrockneten Kerne eifrige Abnehmer.

Das sollten Sie noch wissen

Die **Gewichtsangaben** in den folgenden Rezepten beziehen sich – wenn nicht anders angegeben – auf das gewaschene und geputzte Gemüse (Nettogewicht). Wurde in einem Rezept der ganze Kürbis (mit Schale) verwendet, so bezieht sich das angegebene Gewicht auf das Bruttogewicht (zum Beispiel beim gebackenen Kürbis mit Käsefüllung, siehe Seite 94).

Mengenangaben der benutzten Messlöffel

1 (gestrichener) EL	=	15 ml
1 (gestrichener) TL	=	5 ml
½ TL	=	2 ml
¼ TL	=	1 ml

Backtemperaturen: Die angegebenen Backtemperaturen beziehen sich auf einen Elektroherd mit Ober- und Unterhitze. Heißluftherde kommen mit 5 – 10 Minuten kürzerer Backzeit und 5 – 25 °C geringerer Temperatur aus.

Zum Süßen verwenden wir am liebsten Vollrohrzucker, weil er neben Honig das natürlichste Süßungsmittel ist. Bei den wenigen Gerichten, bei denen Vollrohrzucker allerdings geschmacklich oder farblich zu sehr dominieren würde, haben wir auf den nicht mehr ganz so vollwertigen Roh-Rohrzucker zurückgegriffen. Die Wahl der Zuckerart bleibt aber natürlich ganz Ihnen überlassen.

Symbolerklärung

Vegan: Die mit diesem Symbol gekennzeichneten Rezepte sind vegan, das heißt, sie enthalten keine tierischen Produkte.

Vegane Variante: Die mit diesem Symbol gekennzeichneten Rezepte beinhalten eine vegane Variante, das heißt, bei Zutaten tierischen Ursprungs ist eine vegane Alternative angegeben, mit denen diese Zutaten problemlos ersetzt werden können.

Praktische Tipps

Schneiden, schälen und Kerne entfernen

Kürbis nach dem Waschen mit einem großen Messer halbieren oder in Schnitze schneiden. (Besonders hartschalige Sorten können Sie auch mit Hilfe eines großen Küchenmessers und eines Hammers auseinander brechen.)

- Mit einem Sparschäler oder einem scharfen Messer geht das Schälen des Kürbisses am leichtesten.
- Kerne und Fasern lassen sich mit einem großen Löffel herauskratzen.
- Schneiden Sie den Kürbis je nach Rezept in Würfel, Schnitze oder Scheiben.

Kürbispüree

Für Kürbispüree eignen sich am besten die Sorten 'Hokkaido', 'Potimarron', 'Türkenturban', 'Tristar' sowie 'Butternuss' und andere Moschuskürbis-Sorten und 'Eichelkürbis'. Kürbispüree können Sie auf verschiedene Weise zubereiten:

- Kürbiswürfel im Schnellkochtopf 7 – 10 Minuten kochen.
- Kürbiswürfel mit wenig Wasser 10 – 15 Minuten dünsten.
- Den ganzen Kürbis (bei kleinen Sorten wie Hokkaido) mit Schale im Backofen bei 200 °C 40 – 55 Minuten backen und das Fruchtfleisch mit einem Löffel herausschaben. Vorher einen Deckel abschneiden, damit die Hitze entweichen kann. Die Kerne können vor oder nach dem Backen entfernt werden.
- Oder die Kürbiswürfel im Backofen 40 – 50 Minuten backen.

Danach den gekochten, abgetropften oder gebackenen Kürbis entweder in einem Mixer, in einer Küchenmaschine oder mit dem Pürierstab pürieren oder durch ein feines Sieb streichen oder durch eine Kartoffelpresse drücken.

Eine genaue Anleitung für gesüßtes Kürbispüree (für Desserts und Kuchenfüllungen) finden Sie auf Seite 187.

Tiefkühlen

Kürbis lässt sich auch gut tiefkühlen, besonders die festfleischigen Sorten. Dazu bereiten Sie ihn am besten folgendermaßen vor:

- Für **Gemüsegerichte** und **Suppen:** Rohe Kürbiswürfel oder Kürbisschnitze in Beutel verpacken und einfrieren.
- Für **Suppen, Desserts** und **Kuchenfüllungen:** Kürbispüree zubereiten (siehe Seite 40), abgetropft und ausgekühlt in einem Tiefkühlbehälter oder Beutel einfrieren.

Richtige Lagerung

- Am besten verwenden Sie immer nur ausgereifte und unversehrte Kürbisse samt Stiel. Die Kürbisse sollten weder am Stiel noch an der Schale beschädigt sein, damit sie sich möglichst lange halten und nicht so leicht schimmeln.
- Wer stolzer Besitzer von Kürbissen aus dem eigenen Garten ist: Einigen Sorten bekommen ein paar kühle, aber frostfreie Herbsttage gut, sie werden dann süßer im Geschmack. Vor dem Einlagern sollten sie noch 2 – 3 Tage an einem warmen Ort trocknen, zum Beispiel draußen in der Sonne.
- In einem kühlen, luftigen Raum (zum Beispiel einem trockenen Keller) lagern Kürbisse am besten bei etwa 14 °C auf Verpackungsmaterial (mit möglichst großen Luftkammern). In unversehrtem Zustand halten sich Kürbisse so je nach Sorte einige Wochen bis viele Monate.

Kürbisse kaufen

Auf Wochenmärkten bieten im Spätsommer und Herbst vor allem die Stände mit Obst und Gemüse aus ökologischem Anbau eine große Auswahl an verschiedenen Kürbissorten an. Aber auch in Gemüseläden, Naturkostläden, Reformhäusern und beim türkischen Gemüsehändler bekommen Sie zur jeweiligen Zeit verschiedene Kürbissorten.

Wenn Sie nach **ausgefalleneren** oder **exotischen Kürbissen** suchen, fragen Sie einfach bei Fachhändlern für exotisches Obst und Gemüse sowie in indischen, chinesischen, thailändischen oder persischen Lebensmittelgeschäften nach. Sollte Ihr Wunschkürbis nicht dabei sein, können Sie ihn dort oft auch bestellen.

Selbst gemachter Frischkäse – ideal für die leckere Kürbisküche

Frischkäse lässt sich kinderleicht und schnell selbst herstellen. Zudem ist er von allen Käsesorten der bekömmlichste. Sie brauchen nur einen Topf mit schwerem Boden, ein Baumwoll-Käsetuch (zum Beispiel eine Baumwollwindel), ein Sieb, Zitronensaft – und natürlich Milch (keine H-Milch).

So wird's gemacht:

1) Einen sauberen Topf mit kaltem Wasser ausspülen (damit die Milch nicht anbrennt) und die Milch darin zum Kochen bringen. In der Zwischenzeit Zitronensaft auspressen (Menge siehe Tabelle).
2) Wenn die Milch zu steigen beginnt, Zitronensaft nach und nach hineingeben und mit einem Holzlöffel umrühren. Jetzt trennen sich die kleinen weißen Käsestückchen von der gelbgrün schimmernden Molke. Wenn die Molke immer noch nicht klar ist, noch einmal leicht aufkochen lassen und – falls nötig – noch einige Tropfen Zitronensaft hineinträufeln.
3) Käsetuch in ein Sieb legen und das Sieb in eine Schüssel stellen, um die wertvolle Molke aufzufangen. Jetzt den Topfinhalt durch das Sieb gießen.
4) Das Käsetuch an den vier Ecken zusammenknoten, aufhängen und die Molke einige Minuten abtropfen lassen **(weicher Frischkäse).** Für **festen Frischkäse** die Masse entweder so lange abhängen, bis keine Molke mehr heraustropft und die Masse schnittfest ist. Oder die Masse mit einem Gewicht pressen: Dazu die abgetropfte Masse im Käsetuch lassen und das Tuch so weit zusammendrehen, bis es die Masse zu einer Kugel formt. Nun den Käse mit einem Gewicht beschweren und 15 – 20 Minuten pressen.

Wie viel Frischkäse erhalte ich aus der Milch?

1 l Milch	150 g weicher Frischkäse (10 Minuten gepresst: 115 g)
2 l Milch	285 g weicher Frischkäse (10 Minuten gepresst: 250 g)

Wie viel Zitronensaft brauche ich?

1 l Milch	2 EL (30 ml) Zitronensaft
1,5 l Milch	3 EL (45 ml) Zitronensaft
2 l Milch	4 EL (60 ml) Zitronensaft
2,5 l Milch	5 EL (75 ml) Zitronensaft
4 l Milch	8 EL (120 ml) Zitronensaft

Pflanzliche Sahne

Es gibt eine große Auswahl an milchfreier, rein pflanzlicher, veganer Sahne: zum Beispiel Sojasahne auf Sojabasis oder Reissahne, Dinkelsahne oder Mandelsahne – vegane Sahnealternativen auf Basis von Reis, Dinkel oder Mandeln. Der Begriff »Sahne« darf in den Produktbezeichnungen im Handel nicht vorkommen, weil er nur für das bekannte Produkt aus Tiermilch verwendet werden darf.

Wie Tiermilchsahne wird pflanzliche Sahne zum Beispiel zum Verfeinern von Saucen, Suppen, Dressings und Desserts eingesetzt oder zum Bestreichen von Backgut anstelle von Ei oder Tiermilchsahne verwendet. Unter den Produkten gibt es auch Sorten, die sich wie Schlagsahne aufschlagen lassen. Erhältlich ist pflanzliche Sahne zum Beispiel im Naturkosthandel.

Die Hauptsache zuerst – Gemüsegerichte

Kürbis ganz einfach

Schnell mal in die Pfanne hauen. Dieses einfache Pfannengemüse ist für eilige Zeitgenossen genau das Richtige. Am besten schmeckt es zu Basmatireis mit etwas Butter oder Olivenöl und Zitronensaft.

Für 4 Personen

750 g Kürbis
1 – 2 EL Olivenöl
½ TL Kurkuma
1 EL italienische Kräuter (wie Basilikum, Majoran)
eventuell etwas Wasser
½ – 1 TL Meersalz
etwas Paprikapulver (falls gewünscht)
etwas frisch gepresster Zitronensaft zum Beträufeln

So wird's gemacht:

1) Kürbis waschen, schälen, entkernen und in dicke Scheiben schneiden.
2) In einer großen Pfanne (mit Deckel, der später benötigt wird) Olivenöl erhitzen und die Kürbisscheiben darin anbraten. Nach etwa 5 Minuten wenden, mit Kurkuma und Kräutern bestreuen und zugedeckt auf mittlerer Flamme weitere 5 – 10 Minuten köcheln lassen, bis der Kürbis gar ist. Eventuell etwas Wasser hinzufügen.
3) Vor dem Servieren noch Salz und falls gewünscht Paprikapulver darüberstreuen und mit etwas Zitronensaft beträufeln.

Kürbis-Tomaten-Gemüse

Gewürze sind mehr als nur Appetitanreger und Gaumenschmeichler: Sie sind Verdauungshelfer, Schutz vor Krankheitserregern, Fit- und Muntermacher. Wer klug würzt, bereichert nicht nur den Speisezettel, sondern tut auch der Gesundheit und der Psyche etwas Gutes.

Für 4 Personen

350 g Tomaten
700 g Kürbis
100 g Kartoffeln
1 kleine frische grüne Chilischote
1 – 2 EL Olivenöl
1 ½ TL Fenchelsamen
1 ½ TL frisch geriebener Ingwer
1 TL Kurkuma
1 Prise frisch geriebener Muskat
1 TL Meersalz
1 TL frisch gemahlener schwarzer Pfeffer
zerstoßene Samen von 3 Kardamomkapseln

So wird's gemacht:

1) Tomaten waschen, in kochend heißem Wasser blanchieren und enthäuten.
2) Kürbis und Kartoffeln waschen, schälen und in Würfel schneiden. Chili entkernen und klein schneiden.
3) Olivenöl erhitzen und Fenchelsamen goldbraun anrösten. Dann Ingwer, Chili und Kurkuma hinzufügen und nach einigen Sekunden auch die Kartoffeln. Haben die Kartoffeln nach wenigen Minuten eine leicht goldbraune Farbe angenommen, die Kürbiswürfel hinzugeben und unter ständigem Rühren 5 Minuten rösten.
4) Die Tomaten klein schneiden und dazugeben. Das Gericht zugedeckt auf mittlerer Flamme köcheln lassen, bis es gar ist.
5) Mit Muskat, Salz, Pfeffer und Kardamom würzen.

Reis, Nudeln oder Fladenbrot machen sich zu diesem Gericht besonders gut. Oder probieren Sie Kürbis-Karotten-Frikadellen (siehe Seite 129) dazu.

Steckrüben in Kürbispüree

Altbekannt und neu entdeckt. Regional trägt die Steckrübe die unterschiedlichsten Namen wie Kohlrübe, Wrunke, Schmalzrübe, Bodenkohlrabi oder auch Erdrübe. Ein Zeichen, dass man sie in der Küche schon lange kennt. Sie ist eine der ältesten Feldfrüchte Europas und in jüngster Zeit unter Gemüsekennern zu einem Geheimtipp avanciert.

Für 4 – 5 Personen

1 kg Steckrüben
400 g Kürbis
200 g Karotten
150 g saure Sahne oder pflanzliche Sahne (siehe Seite 43)
1 – 2 EL Butter oder Olivenöl
½ TL frisch geriebener Muskat
1 TL frisch gemahlener schwarzer Pfeffer
1 ½ TL Meersalz
1 – 2 EL frisch gehackte Petersilie oder Basilikum

So wird's gemacht:

1) Gemüse waschen, schälen und in gleich große Würfel oder Scheiben schneiden.
2) Gemüse in einem Topf mit etwas Wasser 15 – 20 Minuten weich kochen. (Im Schnellkochtopf geht dies entsprechend schneller.) Die Steckrüben sollen dabei noch etwas Biss haben, sonst schmecken sie fade.
3) Mit dem Pürierstab oder dem Mixer eine Hälfte des Gemüses pürieren. Püree und nicht pürierten Teil vorsichtig mischen. Saure Sahne oder pflanzliche Sahne, Butter oder Olivenöl und Gewürze dazugeben und mit frisch gehackter Petersilie oder Basilikum bestreuen.

Petersilienkartoffeln oder Rösti schmecken zu diesen Steckrüben besonders lecker.

Kürbis-Kartoffel-Pfanne

Abrakadabra! Man nehme so einfache Zutaten wie Kartoffeln und Kürbis, gebe einige exotische Gewürze und Joghurt dazu, und im Handumdrehen hat man ein schnelles und leckeres Pfannengericht gezaubert.

Für 4 Personen

450 g Kürbis
450 g Kartoffeln
2 EL Olivenöl oder Butter
1 TL schwarze Senfsamen
1 Zimtstange (5 cm)
1 Gewürznelke
Samen von 3 Kardamomkapseln (ganz oder gemahlen)
2 TL gemahlener Koriander
1 ½ TL Kurkuma
100 – 125 g Joghurt
1 TL frisch gemahlener schwarzer Pfeffer
1 TL frisch gepresster Zitronensaft
1 TL Meersalz

So wird's gemacht:

1) Kürbis und Kartoffeln waschen, schälen und den Kürbis entkernen. Beides in etwa 1,5 cm große Würfelchen schneiden.
2) In einer Pfanne Olivenöl oder Butter erhitzen. Schwarze Senfsamen, Zimtstange, Nelke und Kardamomsamen darin rösten, bis die Senfsamen zu springen beginnen. Sofort Kartoffelwürfel, Koriander und Kurkuma hineingeben und dabei öfters umrühren. Nach einigen Minuten auch die Kürbiswürfel und den Joghurt dazugeben.
3) Gemüse zugedeckt bei mittlerer Hitze etwa 15 Minuten kochen, bis es gar ist. Zwischendurch immer wieder umrühren und noch etwas Wasser hinzufügen, falls das Gemüse anzusetzen droht.
4) Mit Pfeffer, Zitronensaft und Salz würzen. Vor dem Servieren Zimtstange und Nelke entfernen.

Salate wie Gurkensalat mit Flaschenkürbis (siehe Seite 151) oder Eisbergsalat mit Kürbis und Mais (siehe Seite 155) machen sich zu diesem Gericht besonders gut. Noch etwas frisch gehackte Korianderblätter oder Petersilie über das Pfannengemüse streuen und – guten Appetit! Wer Abwechslung liebt, kann in diesem Rezept die Kartoffeln ohne Weiteres auch durch Süßkartoffeln ersetzen.

Süßkartoffel-Kürbis-Gemüse

Die besondere Note. Falls Sie keine Süßkartoffeln bekommen können, tun es natürlich auch normale Kartoffeln. Doch gerade der leicht süßliche Geschmack der Süßkartoffeln verleiht diesem Gericht seine typische Geschmacksnuance.

Für 4 – 6 Personen

1 kg Kürbis (ideale Sorte: Süße Kartoffel)
1 – 2 kleine frische grüne Chilischoten
650 g Süßkartoffeln
3 EL Olivenöl
2 ½ TL Kreuzkümmel
2 EL frisch geriebener Ingwer
1 ½ TL Kurkuma
etwa 150 ml Wasser
2 TL Koriandersamen oder gemahlener Koriander
1 ½ TL Meersalz
frisch gepresster Saft einer Zitrone
4 – 5 EL frisch gehackte Korianderblätter oder Kräuter nach Wahl

So wird's gemacht:

1) Kürbis waschen, schälen, entkernen und würfeln. Chilis entkernen und klein schneiden. Süßkartoffeln waschen, schälen und in dünne Scheiben schneiden.
2) In einem Wok oder einem großen flachen Topf das Öl erhitzen. Kreuzkümmel wenige Sekunden goldbraun rösten, anschließend gleich Ingwer und Chili dazugeben. Einige Sekunden später die Süßkartoffeln unter ständigem Rühren anrösten, bis sie eine leicht goldbraune Farbe annehmen. Nun auch den Kürbis und die Kurkuma hinzufügen. Weitere 5 – 10 Minuten anbraten und dabei ab und zu umrühren. Wenn das Gemüse ansetzt, das Wasser dazugeben und zugedeckt auf kleiner Flamme weiterköcheln lassen. (Die Wassermenge richtet sich nach der Kürbissorte und danach, wie flüssig Sie Ihr Gemüsegericht wünschen.) Dabei immer wieder umrühren, damit nichts anbrennt.

3) In der Zwischenzeit Koriandersamen trocken rösten und im Mörser fein mahlen.
4) Wenn das Gemüse gar ist, gemahlenen Koriander, Salz, Zitronensaft und Kräuter unter das Gemüse heben und servieren.

Wer möchte, kann dieses Gericht noch mit etwas saurer Sahne oder Mandelmus verfeinern.

Wer die nussig süßlich schmeckende Kürbissorte 'Süße Kartoffel' selbst ziehen will, findet im Anhang Bezugsquellen für Saatgut (siehe Seite 211).

Kürbis-Paprika-Gemüse mit Mungbohnensprossen

Die Powerbohne. Mungsprossen verleihen dieser schnellen Gemüsepfanne einen Hauch Exotik. Darüber hinaus sind Mungbohnen auch großzügige Lieferanten von wertvollem Eiweiß, Vitaminen und Mineralstoffen – alles lecker verpackt, versteht sich.

Für 4 – 5 Personen

200 g Mungbohnensprossen (aus 40 – 50 g Mungbohnen, siehe Tipp)
450 g Paprika (je 1 rote, gelbe und grüne)
800 g Kürbis
3 EL Olivenöl
1 ½ TL Kreuzkümmel
1 gehäufter EL frisch geriebener Ingwer
1 TL Kurkuma
½ TL Paprikapulver
eventuell einige EL Wasser
3 – 4 EL saure Sahne oder 2 EL Sojasauce
1 TL Meersalz
¾ TL frisch gemahlener weißer Pfeffer
4 EL frisch gehackte Petersilie

So wird's gemacht:

1) Mungbohnensprossen in einem Sieb unter fließendem Wasser spülen und abtropfen lassen.
2) Paprika waschen und in kleine Würfel schneiden. Kürbis waschen, schälen, entkernen und ebenfalls in kleine Würfel schneiden.
3) In einem großen Topf Olivenöl erhitzen, Kreuzkümmel darin goldbraun rösten und dann Ingwer, Kurkuma und Paprikapulver hinzufügen. Nach einigen Sekunden die Paprikawürfel 2 – 3 Minuten anbraten. Kürbis dazugeben und 4 – 5 weitere Minuten rösten. Dabei öfters umrühren. Die Mungsprossen und eventuell einige Esslöffel Wasser dazugeben. Das Gemüse zugedeckt etwa 15 Minuten köcheln lassen, bis der Kürbis gar ist.
4) Mit saurer Sahne oder Sojasauce, Salz, Pfeffer und der gehackten Petersilie abrunden.

Servieren Sie Reis oder Hirse zu diesem Gericht.

Tipp für alle, die Paprika nicht so gut vertragen

Rösten Sie die ganze Paprika so lange über einer offenen Gasflamme oder im Backofen, bis die Haut rundherum schwarz und blättrig ist. Schaben Sie die Haut mit einem Messer ab und schneiden Sie die Paprika dann in kleine Würfelchen, die Sie 5 – 10 Minuten vor Ende der Kochzeit dem Gemüse zugeben.

Mungbohnen keimen

1) 40 – 50 g grüne Mungbohnen über Nacht in Wasser einweichen.
2) Bohnen in eine Keimbox oder ein Sprossenglas geben und ein- bis zweimal täglich unter fließendem Wasser spülen.
3) Nach 5 – 6 Tagen die Sprossen in eine Schüssel mit lauwarmem Wasser geben, umrühren und die oben schwimmenden Schalen abfischen.

Kürbis-Karotten-Gemüse in Kokoscreme

Die Freude am gesunden Genießen. Kürbisgerichte begeistern nicht nur mit ihren Aromen, sondern auch wegen ihrer Vielseitigkeit. Und noch viel mehr: Kürbis und Karotten verleihen durch den Gehalt an Beta-Carotin auch einem angeschlagenen Immunsystem wieder Kraft.

Für 4 – 6 Personen

550 g Kürbis
500 g Karotten
350 g Blumenkohl
2 EL Butter oder Olivenöl
1 ½ EL frisch geriebener Ingwer
2 TL gemahlener Koriander
1 TL Kurkuma
eventuell etwa 150 ml Wasser

Für die Kokoscreme:
1 – 2 EL Butter oder Olivenöl
1 EL Maisstärke oder Weizenmehl
4 gehäufte EL Kokosraspel
½ TL frisch geriebener Muskat
½ Zimtstange oder ½ TL Zimtpulver
2 EL Vollrohrzucker oder Ahornsirup
100 ml Wasser
150 ml Sahne oder Kokosmilch
3 – 4 EL frisch gehackte Korianderblätter oder Petersilie
½ TL Cayennepfeffer oder frisch gemahlener schwarzer Pfeffer
1 TL Meersalz

So wird's gemacht:

1) Gemüse waschen. Kürbis schälen, Kerne entfernen und das Fruchtfleisch in dünne längliche Stifte schneiden. Karotten ebenfalls in dünne Stifte und Blumenkohl in kleine Röschen schneiden.
2) Olivenöl in einem großen Topf erhitzen. Ingwer, Koriander und Kurkuma darin für wenige Sekunden rösten, sofort die Karotten dazugeben und 4 – 5 Minuten anbraten. Nun den Kürbis und nach 3 – 4 weiteren Minuten auch den Blumenkohl dazugeben. Dabei ab und zu umrühren, damit nichts anbrennt. Eventuell noch eine Tasse Wasser (etwa 150 ml) dazugeben und etwa 15 Minuten abgedeckt auf mittlerer Flamme köcheln lassen, bis das Gemüse gar ist.
3) Für die Kokoscreme in einem Topf Butter oder Olivenöl erhitzen. Darin Maisstärke oder Mehl mit Kokosraspeln, Muskat und Zimt goldbraun rösten. Achten Sie darauf, dass die Flamme nicht zu stark ist, damit die Kokosflocken nicht anbrennen. Anschließend Vollrohrzucker oder Ahornsirup dazugeben. Sobald der Zucker karamellisiert, mit Wasser und Sahne oder Kokosmilch aufgießen und die Sauce 2 – 3 Minuten köcheln lassen. Zum Abschluss gehackte frische Kräuter, Pfeffer und Salz dazugeben.
4) Das Gemüse unter die Sauce heben und heiß servieren.

Duftender Basmatireis ist die delikate Ergänzung zu diesem milden Gemüsegericht.

Gemüse-Potpourri

Reise nach Bengalen. Schon für sich alleine ist Kürbis ein perfekter Verwandlungskünstler, spätestens aber mit Panch Puran, der bengalischen Gewürzmischung, führt er Sie auf eine neue kulinarische Geschmacksreise. Probieren Sie selbst!

Für 6 Personen

400 g Weißkohl
500 g Kürbis
1 kleiner Rettich (500 g)
3 EL Butter oder Sonnenblumenöl
4 TL Panch Puran (ganze Samen, siehe Tipp)
1 – 2 EL frisch geriebener Ingwer
½ TL Kurkuma
½ TL Asafoetida (kann entfallen)
250 g Auberginen
1 TL Meersalz
2 – 3 EL frisch gehackte Korianderblätter oder Dill

So wird's gemacht:

1) Gemüse waschen. Kohl in sehr feine, dünne Streifen schneiden. Kürbis schälen, entkernen und würfeln. Rettich in dünne Scheiben schneiden oder raspeln.
2) Butter oder Sonnenblumenöl in einem großen Topf erhitzen, Panch Puran einige Sekunden darin rösten und Kohl, Ingwer, Kurkuma und eventuell Asafoetida anbraten. Nach einigen Minuten Kürbis und Rettich dazugeben. Gut umrühren, damit nichts anbrennt. Aubergine über einer offenen Flamme rösten, bis sie rundherum schwarz ist, Haut entfernen, das Fruchtfleisch in Würfel schneiden und dazugeben.
3) Mit Deckel abgedeckt auf mittlerer Flamme 15 – 20 Minuten gar köcheln. Zwischendurch immer wieder umrühren und eventuell etwas Wasser dazugeben, damit nichts anbrennt.
4) Vor dem Servieren Salz unterheben und mit frischen Korianderblättern oder Dill bestreuen.

Panch Puran ist eine bengalische Gewürzmischung aus fünf verschiedenen Bestandteilen. Es lässt sich ganz leicht auch selbst zusammenstellen: Mischen Sie dazu einfach drei Teile Kreuzkümmel, drei Teile schwarze Senfsamen, drei Teile Fenchelsamen oder Anissamen, zwei Teile Schwarzkümmel und ein Teil Bockshornkleesamen in einem Schraubglas. Fertig!

Dazu noch Basmatireis, mit dem Saft einer halben Zitrone beträufelt, und Sie haben ein Gericht, das auf der Zunge zergeht!

Spaghettikürbis mit Kürbiskernpesto

Das Nudelgemüse. Beim Spaghettikürbis hat sich der liebe Gott etwas ganz Besonderes einfallen lassen. Denn richtig zubereitet, kann man dieses Gemüse wie Spaghetti essen. An Stelle des Kürbiskernpestos eignet sich auch Kürbiskern-Kräuter-Butter (siehe Seite 166) oder eine Sauce nach Wahl.

Für 2 Personen als Hauptgericht oder für 4 Personen als Beilage

1 mittelgroßer Spaghettikürbis (etwa 1,2 kg Bruttogewicht)
Meersalz

Für das Pesto:
50 g grüne Kürbiskerne
100 g frisches Basilikum
50 g Rucola
1 ½ EL frisch geriebener Ingwer
8 – 10 EL Olivenöl
½ – 1 TL frisch gemahlener schwarzer Pfeffer

So wird's gemacht:

1) Spaghettikürbis waschen und mit der Gabel um den Stielansatz herum einstechen, damit beim Kochen Dampf entweichen kann. Den ganzen Kürbis in einem ausreichend großen Topf mit genügend Wasser 30 – 40 Minuten zugedeckt kochen.
2) In der Zwischenzeit das Kürbiskernpesto herstellen (Anleitung siehe Seite 167).
3) Kürbis der Länge nach halbieren und Kerne entfernen. Das Fruchtfleisch mit einem Löffel herausschaben und mit einer Gabel auflockern. Mit etwas Salz bestreuen.
4) Die Kürbis-Spaghetti mit dem Kürbiskernpesto servieren.

Die gekochten Kürbisschalenhälften sind recht stabil und machen sich gut als zwei ausgefallene Essteller, zum Beispiel können Sie darin den Salat servieren. Absoluten Pasta-Fans steht es natürlich frei, zu Spaghettikürbis auch noch Spaghetti mit Tomatensauce zu reichen.

Kürbis mit Bockshornkleesamen

Einfach, lecker und gesund. Bockshornkleesamen schätzt man in der indischen Küche schon seit Jahrtausenden. In unsere Breitengrade gelangte Bockshornklee bereits unter Karl dem Großen. Aber erst Pfarrer Kneipp ist es zu verdanken, dass er so richtig Einlass in die heimische Küche und Naturmedizin gefunden hat.

Für 4 Personen

1,3 kg Kürbis
1 EL Butter oder Olivenöl
¾ TL Bockshornkleesamen
½ TL Kurkuma
½ TL Cayennepfeffer
eventuell 2 – 3 EL Wasser
1 EL Vollrohrzucker
¼ TL frisch gemahlener schwarzer Pfeffer
1 TL Meersalz

So wird's gemacht:

1) Kürbis schälen, waschen, entkernen und in Würfel schneiden.
2) Butter oder Olivenöl in einem Topf erhitzen und Bockshornkleesamen 2 – 4 Sekunden darin anrösten (nicht viel länger, da er sonst bitter wird). Nun Kürbiswürfel, Kurkuma und Cayennepfeffer dazugeben und unter Rühren etwa 5 Minuten anbraten. Eventuell noch etwas Wasser dazugeben, um ein Anbrennen zu verhindern. Zugedeckt auf mittlerer Flamme etwa 10 Minuten köcheln lassen, bis der Kürbis gar ist.
3) Zum Abschluss Vollrohrzucker, Pfeffer und Salz dazugeben.

Besonders lecker schmecken Gewürzreis und Tomatenchutney dazu.

Flaschenkürbis mit Frischkäse und Erbsen

Flaschenkürbis, Louki, Bottle Gourd … Unzählige Namen für das gleiche Gemüse – ein Zeichen für die große Popularität des Flaschenkürbisses. Man kennt ihn sowohl in Mexiko als auch in Afrika, in Indien und im Mittleren Osten. Sollten Sie keinen Flaschenkürbis bekommen, tun es auch Zucchini. Halten Sie aber ruhig mal in indischen oder türkischen Gemüsegeschäften nach dem hellgrünen Flaschenkürbis Ausschau (er sieht aus wie ein großer, hellgrüner Zucchino).

Für 4 Personen

Für den Frischkäse:
1,5 l Milch
frisch gepresster Saft einer Zitrone
oder statt des selbst gemachten Frischkäses: 200 g Feta

Für das Gemüse:
200 g frische Erbsen (500 g Bruttogewicht)
300 g Süßkartoffeln
100 g Karotten
400 g Flaschenkürbis (falls nicht erhältlich: Zucchini)
1 EL Olivenöl
1 TL Kreuzkümmel
2 TL frisch geriebener Ingwer
½ TL Kurkuma
1 TL Fenchelsamen
1 TL Koriandersamen
125 – 200 ml Wasser oder Molke
50 – 100 g Joghurt
2 – 3 EL Kichererbsenmehl
1 Prise frisch geriebener Muskat
½ – ¾ TL frisch gemahlener schwarzer Pfeffer
1 TL Meersalz

So wird's gemacht:

1) Selbst gemachten Frischkäse herstellen und pressen (zum Beispiel am Vorabend, Anleitung siehe Seite 42).
2) Frische Erbsen schälen, waschen und 4 – 5 Minuten dünsten. Süßkartoffeln waschen, schälen und in kleine Würfel schneiden. Karotten waschen und in feine Stifte schneiden. Flaschenkürbis waschen, schälen und in kleine Würfel schneiden. (Zucchini müssen nicht geschält werden.)
3) In einem großen Topf Olivenöl erhitzen und Kreuzkümmel sowie Ingwer rösten. Nun die Süßkartoffeln und Karottenstifte dazugeben und gut umrühren, damit nichts anbrennt. Nach wenigen Minuten den Flaschenkürbis, die frischen Erbsen und Kurkuma hinzugeben. Nach Bedarf mit etwas Wasser oder Molke ablöschen und zugedeckt gar kochen lassen.
4) Fenchelsamen und Koriandersamen in einem kleinen Topf oder in einer Schöpfkelle über einer Gasflamme trocken rösten, dabei etwas umrühren, damit die Samen gleichmäßig anbräunen. Die Gewürze in einem Mörser oder mit dem Stiel eines Nudelholzes zerstoßen und unter das Gemüse heben. Zwischendurch immer wieder umrühren.
5) Joghurt mit Kichererbsenmehl, Muskat, schwarzem Pfeffer und Salz verrühren, unter das Gemüse heben und kurz aufkochen lassen.
6) Frischkäse oder Feta in Würfel schneiden und vor dem Servieren unterheben.

Geerntet wird der Flaschenkürbis, wenn er noch klein ist (15 – 20 cm). Dann ist er knackig fest, kernlos und besitzt eine zarte Haut, die nicht geschält werden muss. Bei älteren Exemplaren (30 – 35 cm lang) müssen die etwas festere Haut und je nach Größe auch die Kerne entfernt werden. Geschmacklich sind diese ebenso reizvoll wie die kleineren Zucchini.

Zu diesem Gericht sind Kürbis-Kartoffel-Rösti (siehe Seite 147) oder Hirse mit Kürbis (siehe Seite 134) besonders lecker.

Süßsaures Kürbisgemüse mit Ananas

Der Hit. Wenn Sie mal etwas Besonderes für Gäste oder für Ihre Familie kochen wollen, empfehlen wir Ihnen dieses exotische Rezept, das am besten mit dem Kürbis Chayote (auch Chou-Chou genannt) schmeckt. Und wer Zeit sparen will, kann den Frischkäse schon am Vorabend entweder zubereiten oder fertigen Feta oder Tofu verwenden.

Für 4 – 6 Personen

Für den Frischkäse:
2 – 3 l Milch
frisch gepresster Saft von 1 – 2 Zitronen
oder statt des selbst gemachten Frischkäses: 200 g Feta oder Tofu

Für das Gemüse:
50 g Tamarinde oder 1½ TL Tamarindenextrakt
oder 2 EL frisch gepresster Zitronensaft (siehe auch Seite 35)
1 reife Ananas oder Ananas aus dem Glas (560 g Nettogewicht)
200 g rote oder gelbe Paprika
700 g Kürbis (ideal: Chayote)
250 g Karotten
200 g Bambussprossen aus dem Glas
200 g Süßkartoffeln oder Kartoffeln
1 kleine frische grüne Chilischote
oder 1 kleine getrocknete rote Chilischote
2 EL Olivenöl
2 TL Kreuzkümmel
2 EL frisch geriebener Ingwer
½ TL Asafoetida (kann entfallen)
1 TL Kurkuma
300 ml Molke (vom Frischkäse) oder Ananassaft
3 EL Vollrohrzucker
2 TL gemahlener Koriander
etwa 100 g Butterschmalz oder Sonnenblumenöl zum Frittieren
250 ml Molke (vom Frischkäse)
1 TL frisch gemahlener schwarzer Pfeffer
2 TL Meersalz
1 TL Zimtpulver
3 – 4 EL frisch gehackte Korianderblätter

So wird's gemacht:

1) Gepressten Frischkäse herstellen (zum Beispiel am Vorabend, Anleitung siehe Seite 42). Anfallende Molke auffangen. Oder Tofu oder Feta in Würfel schneiden.
2) Falls Sie getrocknete Tamarinde verwenden, wie im Tipp auf Seite 35 beschrieben zubereiten. Ananas waschen und den Stiel entfernen. Ananas der Länge nach in vier Teile schneiden, jeweils den Mittelstrunk (er ist essbar und sogar sehr nahrhaft) sowie die Schale entfernen. Ananas in kleine Würfel schneiden oder Ananasstücke aus dem Glas abtropfen lassen.
3) Gemüse waschen. Paprika und geschälten Kürbis in Würfel, Karotten und Bambussprossen in feine Stifte und geschälte Süßkartoffeln oder Kartoffeln in dünne Scheiben schneiden. Frische Chili fein hacken oder getrocknete Chili fein zerbröseln.
4) Olivenöl in einem großen Topf erhitzen, Kreuzkümmel darin goldbraun rösten und wenige Sekunden später Ingwer, Chili, Asafoetida und Kurkuma dazugeben. Mit Molke oder Ananassaft ablöschen und Vollrohrzucker, Tamarinde, Ananasstücke, Karotten, Kartoffeln, Kürbis, Paprika (eventuell Tofu) und Koriander hinzufügen. Das Ganze etwa 15 Minuten teilweise bedeckt kochen und etwas eindicken lassen, bis das Gemüse halb gar ist. Gelegentlich umrühren.
5) Nun die Bambussprossen hinzugeben und weitere 10 – 15 Minuten zugedeckt kochen. In der Zwischenzeit Butterschmalz oder Sonnenblumenöl in einem Wok oder flachen Topf erhitzen und darin den in Würfel geschnittenen Frischkäse nacheinander zartbraun frittieren. Fertig frittierte Käsewürfel abtropfen lassen und in etwa 250 ml Molke einweichen, damit sie sich saftig weich vollsaugen. (Falls Sie Feta verwenden, diesen unfrittiert unter das fertige Gemüse heben.)
6) Zum Abschluss noch vorsichtig Pfeffer, Salz, Zimt, Korianderblätter und Käsewürfel unter das gegarte Gemüse heben.

Basmatireis mit etwas Butter und Zitronensaft beträufelt schmeckt lecker zu diesem süßsaurem Kürbisgemüse.

Den Kürbis Chayote oder Chou-Chou bekommen Sie ebenso wie die Bambussprossen in asiatischen Lebensmittelgeschäften.

Bohnen-Kürbis-Gemüse in Currysauce

Wenn einer eine Reise tut, dann kann er was erzählen. Auf diese Weise wurde die Curry-Gewürzmischung weltberühmt – die englischen Kolonialherren haben sie seinerzeit den Indern abgeschaut. In jedem Unionsstaat des Ursprungslandes verwendet man für die Currymischung andere Zutaten und Gewürze.

Für 4 Personen

500 g grüne Bohnen
1 kg Kürbis

Für die Currysauce:
60 g Kichererbsenmehl (6 EL)
300 g Joghurt
600 ml Wasser (nach Belieben mehr)
1 – 2 frische grüne oder rote Chilischoten
1 EL Sonnenblumenöl oder Butterschmalz
1 ½ TL schwarze Senfsamen
1 TL Kreuzkümmel
1 EL frisch geriebener Ingwer
1 TL Kurkuma
1 EL Vollrohrzucker
1 TL Meersalz
4 – 5 EL frisch gehackte Korianderblätter oder Petersilie

So wird's gemacht:

1) Grüne Bohnen waschen, die Enden abknipsen und die Bohnen quer halbieren. Im (Schnell-)Kochtopf dünsten, bis sie gar sind. Kürbis waschen, Schale und Kerne entfernen. Kürbis in Würfel schneiden und in einem zweiten Topf mit etwas Wasser 5 – 8 Minuten dünsten, bis er gar ist.

3) In der Zwischenzeit die Sauce zubereiten: Kichererbsenmehl in eine Schüssel sieben und mit Joghurt und Wasser zu einem dünnflüssigen Teig verrühren. Chili fein hacken.
4) Sonnenblumenöl oder Butterschmalz in einem Topf erhitzen und darin Senfkörner (mit geschlossenem Deckel) rösten, bis sie zu springen beginnen. Den Topf kurz von der Flamme nehmen, bis sich die Senfkörner beruhigt haben. Nun Kreuzkümmel hinzufügen und kurze Zeit später auch Ingwer, Chili und Kurkuma anrösten.
5) Mit der Joghurtsauce vorsichtig ablöschen und auf mittlerer Flamme 15 Minuten köcheln lassen. Dabei immer wieder gut umrühren, damit nichts anbrennt.
6) Gegen Ende der Kochzeit das abgetropfte Gemüse zusammen mit Vollrohrzucker und Salz unter die Sauce heben und mit gehackten, frischen Korianderblättern oder Petersilie bestreuen.

Dieses delikate Bohnen-Kürbis-Gemüse verlangt förmlich danach, mit Reis serviert zu werden.

Spinat-Kürbis-Gemüse mit Frischkäse

Gewusst wie. Hausgemachter Frischkäse ist das Geheimnis dieses Gerichts. Er ist nicht nur unnachahmlich frisch und cremig im Geschmack, sondern auch eine der bekömmlichsten Käsesorten. Zu alledem ist er einfach und schnell selbst gemacht. Wer will, kann ihn aber auch durch Mozzarella, Feta oder Tofu ersetzen.

Für 4 Personen

Für den Frischkäse:
2 l Milch
4 EL frisch gepresster Zitronensaft
oder statt des selbst gemachten Frischkäses:
200 g Feta, Mozzarella oder Tofu

Für das Gemüse:
500 g Kürbis
750 g frischer Spinat
2 EL Olivenöl
2 TL Kreuzkümmelsamen
2 TL gemahlener Koriander
1 TL Kurkuma
2 EL frisch geriebener Ingwer
½ – ¾ TL Chiliflocken
2 TL Meersalz
frisch gepresster Saft einer halben Orange
etwas Zimtpulver
etwas frisch geriebener Muskat
etwas frisch gemahlener schwarzer Pfeffer
eventuell Öl oder Butterschmalz zum Frittieren

So wird's gemacht:

1) Gepressten Frischkäse herstellen (Anleitung siehe Seite 42).
2) Kürbis waschen, schälen, entkernen und würfeln. Spinat verlesen, dicke Stiele entfernen, Blätter waschen, abtropfen lassen und in feine Streifen schneiden.

3) Olivenöl in einem Topf erhitzen, darin Kreuzkümmel einige Sekunden goldbraun anrösten. Sogleich geriebenen Ingwer, Chiliflocken und Kürbiswürfel hinzufügen und etwa 5 Minuten anbraten. Dabei immer wieder umrühren, damit nichts anbrennt (eventuell 2 EL Wasser oder Molke von der Frischkäseherstellung dazugeben). Dann Spinat, Korianderpulver, Kurkuma und Salz hinzufügen und umrühren. Topf mit Deckel abdecken und 5 weitere Minuten auf kleiner Flamme köcheln lassen.
4) In der Zwischenzeit Frischkäse oder Feta würfeln und unter das Gemüse heben. (Noch besser schmeckt der selbst gemachte Frischkäse knusprig angebraten mit etwas Öl oder Butterschmalz. Er schmilzt dabei nicht, sondern behält seine Würfelform. Auch der Tofu schmeckt angebraten mit Gewürzen und Kräutern der Provence besonders gut.)
5) Vor dem Servieren den Orangensaft unterheben und mit etwas Zimt, frisch geriebenem Muskat und Pfeffer aus der Mühle abschmecken. Wenige Minuten ziehen lassen, bis sich die Käsewürfel mit Flüssigkeit vollgesogen haben und weich sind.

Besonders gut schmecken dazu Vollkorn-Basmatireis oder Kürbis-Kartoffel-Kroketten mit Kokos (siehe Seite 132).

Kürbis-Erbsen-Gemüse in Sahnesauce

»Grüne Perle« nannte man die Erbse in der Antike. Heute weiß man warum, denn Erbsen enthalten nicht nur wertvolle Vitamine, sondern auch die wichtigsten Mineralien. Kombiniert mit Kürbis und der Curry-Sahne-Sauce, sind sie nahezu unwiderstehlich.

Für 4 Personen

1 kg Kürbis
150 g frische grüne Erbsen (etwa 350 g Bruttogewicht)
2 EL Butter
30 g gesiebtes Vollkornmehl oder Maismehl
2 ½ EL Currypulver
750 ml (Gemüse-Koch-)Wasser
200 ml Sahne
1 TL Meersalz
1 ½ TL frisch gemahlener schwarzer Pfeffer
¼ – ½ TL frisch geriebener Muskat

So wird's gemacht:

1) Kürbis waschen, schälen, entkernen, in Würfel schneiden und in einem Topf mit etwas Wasser 5 – 10 Minuten gar dünsten (je nach Kürbissorte und Würfelgröße).
2) Frische Erbsen schälen und in einem kleinen Topf mit etwas Wasser ebenfalls gar dünsten.
3) In der Zwischenzeit die Curry-Sahne-Sauce zubereiten: Butter in einem Topf schmelzen, Mehl wenige Minuten unter ständigem Rühren darin goldbraun rösten. Nun Curry hinzufügen und nach einigen Sekunden vorsichtig mit (Gemüse-Koch-)Wasser und Sahne ablöschen. Dabei ständig rühren. (Vorsicht, es kann spritzen!)
4) Die Sauce etwa 5 Minuten auf kleiner Flamme köcheln lassen und dann das abgetropfte Gemüse hinzufügen.
5) Mit Salz, Pfeffer und Muskat würzen und heiß servieren.

Besonders gut passen dazu Salzkartoffeln, Basmatireis oder Pfannkuchen, die Sie mit dem Gemüse füllen.

Papaya-Kürbis-Gemüse

Gewusst wie! Wirklich reife Papayas bekommt man bei uns selten. Warum also nicht aus der Not eine Tugend machen und auf ein traditionell indisches Rezept zurückgreifen, für das man gerade die grüne, unreife Papaya braucht? Papaya-Kürbis-Gemüse ist ein mildes Gemüsegericht für alle Fans der exotischen Küche.

Für 3 – 4 Personen

1 unreife grüne Papaya (etwa 300 g)
1 kg Kürbis
etwas Wasser
1 TL Kurkuma
1 ½ EL frisch geriebener Ingwer
1 ½ TL Kreuzkümmel
¾ TL Bockshornkleesamen
1 TL Meersalz
1 TL frisch gemahlener schwarzer Pfeffer
2 EL Olivenöl

So wird's gemacht:

1) Papaya waschen, halbieren, entkernen, schälen und in Würfel schneiden. Kürbis waschen, schälen, entkernen und würfeln.
2) Gemüse mit etwas Wasser, Kurkuma und Ingwer 10 – 15 Minuten kochen, bis es gar ist. (Im Schnellkochtopf 7 – 10 Minuten.)
3) In der Zwischenzeit Kreuzkümmel und Bockshornkleesamen in einer kleinen Pfanne ohne Fett goldbraun rösten. (Beachten Sie, dass zu stark geröstete Bockshornkleesamen bitter schmecken!) Gewürze in einem Mörser oder einer Kaffeemühle fein mahlen.
4) Die gemahlenen Gewürze zusammen mit Salz, Pfeffer und Olivenöl unter das Gemüse heben und fertig!

Servieren Sie dazu Reis, Hirse oder Fladenbrot wie Chapati oder Focaccia mit Kürbis (siehe Seite 114).

Schlemmergemüse in Tomatensauce

Man soll die Feste feiern, wie sie fallen, heißt es. Mit diesem Schlemmergemüse ist dies kein Problem. Und wenn es ganz festlich sein soll, können Sie noch kleine Frischkäsewürfel unter das Gemüse heben.

Für 3 – 4 Personen

600 g Flaschenkürbis oder Zucchini
300 g Kartoffeln
500 g Blumenkohl
Sonnenblumenöl zum Frittieren

Für die Sauce:
500 g Tomaten
1 – 2 kleine frische grüne Chilischoten
1 EL Olivenöl
1 ½ TL Kreuzkümmel
¾ TL Kurkuma
1 – 2 TL gemahlener Koriander
150 ml Wasser
1 TL Meersalz

So wird's gemacht:

1) Gemüse waschen. Flaschenkürbis schälen und würfeln (Zucchini nicht schälen). Kartoffeln schälen und in dünne Scheiben schneiden. Blumenkohl in kleine Röschen schneiden. Chilis waschen, entkernen und klein schneiden.
2) Tomaten kreuzweise einschneiden und etwa 1 Minute in kochend heißem Wasser blanchieren. Anschließend enthäuten und klein schneiden.
3) Gemüse in einem Topf oder einem Wok mit Öl nach und nach frittieren und anschließend in einem Sieb abtropfen lassen.

4) In einem zweiten großen Topf das Olivenöl erhitzen, Kreuzkümmel darin goldbraun rösten, dann Chili, Kurkuma und Koriander hinzufügen und nach wenigen Sekunden die Tomaten dazugeben. Nach etwa 5 Minuten das Wasser hinzufügen und auf mittlerer Flamme köcheln lassen, bis die Sauce etwas eingedickt ist.
5) Das frittierte Gemüse (und falls erwünscht Frischkäsewürfel) und Salz hinzufügen und alles noch einmal aufkochen lassen. Heiß servieren.

Servieren Sie zu diesem Gericht einfachen Basmatireis und auch Salat. Falls Ihnen das frittierte Gemüse zu reichhaltig sein sollte, frittieren Sie einfach nur einen Teil davon und geben den Rest, wie den Blumenkohl, gedünstet der Tomatensauce zu.

Als Vorspeise viel zu schade – Suppen und Eintöpfe

Pikante Kürbissuppe mit Rettich

Wer's gern pikant mag, liegt bei dieser Suppe genau richtig. Die gehackten und gebratenen Rettichblätter geben diesem Gericht den letzten Pfiff. Frische Laugenbrezeln oder Kürbiskernbrötchen (siehe Seite 93) dazu, und Sie haben eine leichte Mahlzeit für alle Gelegenheiten.

Für 3 – 4 Personen

1 kg Kürbis
200 g Kartoffeln
150 g Rettich
2 EL Olivenöl
1 ½ TL Schwarzkümmel
1 ½ EL frisch geriebener Ingwer
1 ½ TL Kurkuma
1 TL Meersalz
1 ½ TL frisch gemahlener schwarzer Pfeffer
4 EL fein gehackte Rettichblätter

So wird's gemacht:

1) Kürbis waschen, schälen, entkernen und würfeln. In einem Topf mit Wasser gar dünsten.
2) Kartoffeln waschen, schälen und in sehr dünne Scheibchen schneiden oder raspeln. Rettich waschen und raspeln.
3) 1 EL Olivenöl in einer Pfanne erhitzen, Schwarzkümmel anrösten, nach wenigen Sekunden Ingwer und etwas später Kurkuma hinzufügen. Nun die Kartoffeln anbraten, bis sie eine leichte Tönung annehmen. Anschließend die Rettichraspel hinzufügen und das Ganze so lange rösten, bis die Kartoffeln und der Rettich weich sind.
4) In der Zwischenzeit Kürbis pürieren und falls erwünscht noch etwas Wasser hinzufügen. Nun die Kartoffel-Rettich-Mischung in das Kürbispüree geben, mit Salz und Pfeffer würzen und noch einmal aufkochen lassen.
5) Zum Abschluss die gehackten Rettichblätter in 1 EL Olivenöl anbraten und über die Suppe streuen.

Kürbiscremesuppe mit gerösteten Kürbiskernen

Einfach, mild, cremig und Kürbis – da ist sie, unsere Lieblingssuppe. Der gelbe Halbzentner wird in Deutschlands Küchen langsam, aber sicher wieder populär. Es muss ja nicht gleich ein ganzer Kürbis sein, heute kann man ihn schon stückchenweise kaufen.

Für 6 – 8 Personen

300 g Kartoffeln oder Süßkartoffeln
1,5 kg Kürbis (zum Beispiel die Riesenkürbis-Sorte Gelber Zentner oder die Moschuskürbis-Sorte Muskatkürbis)
1 ¼ l Wasser
1 gehäufter TL gemahlener Koriander
½ TL Kurkuma
2 – 3 Lorbeerblätter
100 ml Sahne oder pflanzliche Sahne (siehe Seite 43)
½ – ¾ TL frisch geriebener Muskat
¾ – 1 TL frisch gemahlener schwarzer oder weißer Pfeffer
1 ½ – 2 TL Meersalz
2 TL getrockneter oder 1 – 2 EL frischer Thymian
eventuell 1 – 2 EL Butter oder Olivenöl
1 TL Sonnenblumenöl
50 g geröstete grüne Kürbiskerne
1 Prise Meersalz

So wird's gemacht:

1) Kartoffeln und Kürbis schälen, Kürbis entkernen, beides waschen und in kleine Würfel schneiden.
2) In einem großen Topf Gemüse mit Wasser, Koriander, Kurkuma und Lorbeerblättern etwa 30 Minuten kochen, bis das Gemüse gar ist. Dann Lorbeerblätter entfernen und Gemüse in einem Mixer oder mit dem Pürierstab pürieren.
3) Sahne, Muskat, Pfeffer, Salz, Thymian und eventuell Butter oder Olivenöl unterrühren und noch einmal kurz aufkochen lassen.
4) Das Sonnenblumenöl in einer Pfanne erhitzen und die grünen Kürbiskerne goldbraun rösten. Mit Salz bestreuen.
5) Suppe heiß servieren und mit Kürbiskernen bestreuen.

Kürbiscremesuppe macht sich gut als Vorspeise oder als leichte Hauptmahlzeit mit italienischer Focaccia mit Kürbis (siehe Seite 114).

Kürbiscremesuppe mit Aprikosen

Probieren Sie diese Suppe auch einmal mit 6 getrockneten und in feine Streifen geschnittenen Aprikosen, die Sie 5 Minuten vor Ende der Kochzeit hinzufügen.

Butternusskürbis-Suppe mit Äpfeln

Der Kürbis in Birnenform. Butternusskürbisse sehen aus wie eine überdimensionale Birne und besitzen helles Fruchtfleisch. Ihr mildes Aroma eignet sich sehr gut für Suppen (vor allem mit Apfel).

Für 4 Personen

750 g Butternusskürbis (oder eine andere Kürbissorte nach Wahl)
250 g Äpfel
2 – 3 EL Walnussöl
1 TL Anissamen
1 Lorbeerblatt
1 EL frisch geriebener Ingwer
1 TL Kurkuma
1 l Gemüsebrühe oder Wasser
1 TL Meersalz
¾ – 1 TL frisch gemahlener weißer Pfeffer
3 – 4 EL Sahne oder pflanzliche Sahne (siehe Seite 43)

Für die Dekoration:
Ringelblumen-Blütenblätter oder 2 EL fein gehackter Dill

So wird's gemacht:

1) Kürbis waschen, schälen, entkernen und klein schneiden. Äpfel schälen und klein schneiden.
2) Walnussöl in einem Topf erhitzen und Anissamen goldbraun rösten. Lorbeerblatt, Ingwer, Kürbis und Kurkuma hinzufügen und 3 – 4 Minuten anbraten. Mit der Gemüsebrühe oder dem Wasser auffüllen. Apfelstücke dazugeben und die Suppe 10 Minuten zugedeckt kochen lassen.
3) Lorbeerblatt entfernen. Suppe pürieren und mit Salz, Pfeffer und Sahne noch einmal aufkochen lassen.
4) Suppe mit Ringelblumen-Blütenblättern oder gehacktem Dill bestreut servieren.

Kürbis-Orangen-Suppe

Geheimtipp für Gourmets – vor allem, wenn Sie diese Suppe mit Orangencroûtons reichen. Bestreichen Sie dazu getoastetes Brot mit Orangenbutter und schneiden Sie es diagonal in Dreiecke. Wie Sie Orangenbutter machen, lesen Sie am besten gleich hier unten.

Für 4 – 6 Personen

1 kg Kürbis (zum Beispiel die Riesenkürbis-Sorte Hokkaido oder Potimarron)
2 EL Butter oder Sonnenblumenöl
2 – 3 TL Currypulver
750 ml Wasser oder Gemüsebrühe
frisch gepresster Saft von 3 Orangen (etwa 300 ml)
200 g saure Sahne oder pflanzliche Sahne (siehe Seite 43)
1 TL Meersalz
½ TL frisch gemahlener weißer Pfeffer
4 – 5 EL frisch gehacktes Basilikum

So wird's gemacht:
1) Kürbis waschen, schälen, entkernen und klein würfeln.
2) Butter oder Öl in einem großen Topf erhitzen, Curry für einige Sekunden anrösten und sofort die Kürbiswürfel dazugeben. Nochmals etwa 5 Minuten rösten und dann mit Wasser oder Gemüsebrühe aufgießen. Kürbis 15 – 20 Minuten zugedeckt köcheln lassen.
3) Orangensaft, saure Sahne oder pflanzliche Sahne, Salz und Pfeffer dazugeben und cremig pürieren. Mit gehacktem Basilikum bestreuen.

Orangenbutter

100 g weiche Butter oder reine Pflanzenmargarine
abgeriebene Schale einer unbehandelten Orange
1 – 2 TL frisch gepresster Orangensaft
1 TL frisch geriebener Ingwer
Meersalz nach Belieben
frisch gemahlener schwarzer Pfeffer nach Belieben
1 EL fein gehackte Kürbiskerne

1) Alle Zutaten für die Orangenbutter gut mischen und kalt stellen.

Kürbissuppe mit gelbem Mung Dal

In aller Munde. Mungbohnen zählen neben Reis zu den populärsten Grundnahrungsmitteln Asiens. Nicht ohne Grund, denn Mung Dal ist nicht nur ein großzügiger Lieferant von wertvollem Eiweiß und Fett, sondern auch von Mineralstoffen. Und mit seinem recht hohen Lecithingehalt bringt er auch unsere kleinen grauen Zellen auf Trab.

Für 4 Personen

100 g gelber Mung Dal
500 g Kürbis (zum Beispiel die Riesenkürbis-Sorte Grüner Hokkaido oder die Moschuskürbis-Sorte Muskatkürbis)
2 EL Olivenöl
2 TL frisch geriebener Ingwer
½ TL Asafoetida (kann entfallen)
1 Lorbeerblatt
1 TL gemahlener Koriander
1 TL Bockshornkleesamen
½ TL Kurkuma
1,2 l Wasser
1 – 1 ½ TL Meersalz
½ TL grüner Pfeffer
1 EL Vollrohrzucker
2 – 3 EL frisch gehackte Korianderblätter oder Kräuter nach Wahl
eventuell ½ TL Mangopulver
2 – 3 EL frisch gepresster Zitronensaft oder ½ TL Tamarindenextrakt

So wird's gemacht:

1) Mung Dal verlesen, waschen und wenn möglich über Nacht in Wasser einweichen. Dal anschließend in einem feinen Sieb unter fließendem Wasser waschen und abtropfen lassen.
2) Kürbis waschen, schälen, entkernen und in kleine Würfel schneiden.
3) In einem 3-Liter-Topf Öl erhitzen, Ingwer, eventuell Asafoetida, Lorbeer, Koriander, Bockshornkleesamen und Kurkuma wenige Sekunden anrösten. Kürbis darin anbraten und nach wenigen Minuten Mung Dal dazugeben. Mit dem Wasser auffüllen und etwa 45 Minuten kochen, bis Dal und Kürbis weich sind. (Im Schnellkochtopf brauchen Sie weniger Wasser und die Kochzeit beträgt nur 25 – 30 Minuten. Das restliche heiße Wasser dann nach dem Kochen hinzufügen.)

4) Lorbeerblatt entfernen. Salz, Pfeffer, Vollrohrzucker, Kräuter, eventuell Mangopulver sowie Zitronensaft oder Tamarindenextrakt in die Suppe rühren und servieren.

Wer es gerne cremig hat, püriert die Suppe einfach im Mixer oder mit einem Pürierstab (vorher das Lorbeerblatt entfernen). Mung Dal bekommen Sie in indischen und asiatischen Lebensmittelläden, im Naturkostladen oder beim Gewürzversand (siehe Seite 211).

Grüne Flaschenkürbis-Suppe

Nach Lust und Laune. Bringen Sie von Ihrem nächsten Spaziergang doch mal ein paar Wildkräuter für diese Suppe mit. Oder säen Sie Bockshornklee selbst in Ihrem Garten oder auf der Fensterbank. Bockshornkleesamen bekommen Sie im Reformhaus oder im Naturkostladen. Wenn die gekeimten Pflänzchen 12 – 15 cm hoch sind, können sie geerntet werden.

Für 4 Personen

200 g Kartoffeln
500 g Flaschenkürbis oder Zucchini
150 g frische Bockshornkleeblätter
oder frischer Spinat, Brennnessel, Gartenmelde
oder andere essbare Wildkräuter nach Wahl
1 – 2 EL Olivenöl
1 EL frisch geriebener Ingwer
1 – 2 EL Currypulver (Menge abhängig von Schärfe und Sorte)
750 ml Gemüsebrühe oder Wasser
½ TL frisch geriebener Muskat
1 TL frisch gemahlener schwarzer Pfeffer
1 TL Meersalz

So wird's gemacht:

1) Kartoffeln und Flaschenkürbis waschen, schälen (Zucchini müssen nicht geschält werden) und in Würfel schneiden. Die Kürbiskerne können mitgekocht werden (sie ähneln im Geschmack Sonnenblumenkernen). Bockshornkleeblätter oder Spinat oder Wildkräuter waschen und fein hacken.
2) In einem Topf Olivenöl erhitzen und Ingwer, Curry und Kartoffeln 2 Minuten anbraten. Kürbis und die Gemüsebrühe oder das Wasser hinzufügen und die Suppe etwa 20 Minuten kochen. Nun Bockshornklee, Spinat oder Wildkräuter hinzufügen und 5 weitere Minuten kochen lassen.
3) Zum Abschluss pürieren und mit Muskat, Pfeffer und Salz würzen.

Verfeinern Sie diese Suppe noch mit Crème fraîche oder pflanzlicher Sahne (siehe Seite 43). Mit gerösteten Toastbrotwürfeln (Croûtons) serviert, ergibt diese Suppe eine köstlich leichte Mahlzeit.

Kürbis-Tomaten-Suppe mit Reis

Was lange währt, wird endlich gut. Als die Tomate mit der Entdeckung Amerikas nach Europa kam, wusste man lange nichts mit ihr anzufangen. Fast 300 Jahre kannte man sie bei uns nur als Zierpflanze. Heute jedoch kann man sich die mediterrane Küche ohne Tomaten kaum mehr vorstellen. Das folgende Rezept ist ideal für ein leichtes Mittagessen.

Für 4 – 6 Personen

1 kg Kürbis (zum Beispiel die Riesenkürbis-Sorte Hokkaido)
1 l Gemüsebrühe oder Wasser
500 g Tomaten
50 g (Basmati-)Reis
100 – 125 ml Wasser für den Reis
2 TL gemahlener Koriander
1 TL frisch gemahlener schwarzer Pfeffer
½ TL frisch geriebener Muskat
100 ml Sahne oder pflanzliche Sahne (siehe Seite 43)
1 ½ TL Meersalz
3 EL frisch gehackte Korianderblätter oder Petersilie

So wird's gemacht:

1) Kürbis waschen, schälen (Hokkaido braucht nicht geschält zu werden), entkernen und klein schneiden. In einem Topf mit der Gemüsebrühe oder dem Wasser etwa 15 Minuten kochen. Tomaten in kochend heißem Wasser blanchieren und enthäuten. Eine halbe Tomate in kleine Stücke schneiden und die restlichen Tomaten pürieren. Kürbis ebenfalls pürieren und zusammen mit den Tomaten weitere 10 – 15 Minuten kochen.
2) In der Zwischenzeit den Reis in einem kleinen Topf mit dem Wasser gar kochen.
3) Nun die Suppe mit Koriander, Pfeffer, Muskat, Sahne und Salz würzen. Eventuell etwas Wasser dazugeben und noch einmal aufkochen lassen. Zum Abschluss Reis dazugeben und mit frisch gehackten Korianderblättern oder Petersilie bestreuen.

Die Suppe bekommt einen würzigeren Geschmack, wenn Sie ganze Koriandersamen in einem Topf trocken rösten, anschließend frisch mahlen und dazugeben.
Servieren Sie zu dieser Suppe Papadams, die berühmten hauchdünnen indischen »Riesencräcker« aus Linsenmehl. Ob in Öl frittiert, über einer Gasflamme geröstet oder kurz im Toaster oder Waffeleisen geröstet, Papadams sind in Sekundenschnelle zubereitet. Sie erhalten sie in jedem indischen und oft auch persischen oder asiatischen Lebensmittelgeschäft.

Kürbis-Papaya-Suppe

Die Powerfrucht. Papayas strotzen nur so vor Provitamin A, Vitamin C und etlichen Mineralstoffen. Halten Sie in einem asiatischen Lebensmittelgeschäft oder in der Südfrüchteabteilung eines guten Supermarktes nach den reifen, gelblich grünen Früchten Ausschau. Es lohnt sich!

Für 4 Personen

1 kg Kürbis (zum Beispiel die Riesenkürbis-Sorte Tristar oder die Moschuskürbis-Sorte Muskatkürbis)
500 – 750 ml Wasser
500 g reife Papaya
1 – 2 EL Butter oder Sonnenblumenöl
1 – 2 TL frisch geriebener Ingwer
1 TL Kurkuma
1 TL gemahlener Koriander
½ TL frisch geriebener Muskat
¼ TL Cayennepfeffer
eventuell ein Schuss Sahne oder pflanzliche Sahne (siehe Seite 43)
1 – 1 ½ TL Meersalz
1 EL Vollrohrzucker
2 EL Kokosflocken
3 EL frisch gehackte Korianderblätter

So wird's gemacht:

1) Kürbis waschen, schälen, entkernen und in Würfel schneiden. In einem (Schnell-)Kochtopf mit 250 ml Wasser weich kochen.
2) In der Zwischenzeit die Papaya waschen, halbieren, entkernen, schälen und ebenfalls in Würfel schneiden. In einem zweiten Topf Butter oder Öl erhitzen, darin den Ingwer mit den Gewürzen einige Sekunden anrösten, die Papayawürfel dazugeben und unter häufigem Rühren 5 – 10 Minuten halb bedeckt köcheln lassen.
3) Kürbis pürieren und das Mus zu den Papayastückchen geben. Nach Belieben 250 – 500 ml Wasser und eventuell noch einen Schuss Sahne hinzufügen.
4) Zum Abschluss mit Salz und Vollrohrzucker abrunden und vor dem Servieren auf Tellern mit gerösteten Kokosflocken und Korianderblättern bestreuen.

Probieren Sie zu dieser Suppe auch einmal frische Kürbis-Quark-Brötchen (siehe Seite 127).

Kürbiscreme mit Mandelkrokant und Sahnehaube

Cremesuppe für Gourmets. Und den Augen hat diese leicht süßliche Kürbiscreme gleich in zweifacher Hinsicht etwas zu bieten: Mit ihrer Sahnehaube ist sie nicht nur schön anzuschauen. Sie ist wegen der Mandeln – die reich an Carotin, Vitamin B und C sind – auch gut für Augen, Gehirn und Nerven. Nicht umsonst heißt es in der Volksheilkunde, dass Mandeln Lebenskraft schenken.

Für 4 Personen

1 kg Kürbis (zum Beispiel die Moschuskürbis-Sorten Butternusskürbis oder Muskatkürbis)
1 l Gemüsebrühe oder Wasser
1 EL Walnussöl oder Sonnenblumenöl
1 Lorbeerblatt
½ TL Kurkuma
50 – 100 g Crème fraîche oder 50 – 100 ml pflanzliche Sahne (siehe Seite 43)
½ – ¾ TL frisch gemahlener schwarzer Pfeffer
½ TL frisch geriebener Muskat
1 TL Meersalz

Für das Mandelkrokant:
100 g enthäutete Mandeln
75 g Roh-Rohrzucker
eventuell 1 TL Wasser

Für die Sahnehaube:
100 ml Sahne oder aufschlagbare pflanzliche Sahne (siehe Seite 43)
etwas Zimtpulver zum Bestreuen
frisch geriebener Muskat zum Bestreuen

So wird's gemacht:

1) Am Vorabend (wenn möglich) Mandeln 1 Minute in kochend heißem Wasser ziehen lassen. Wenn sich die Mandelhaut mit den Fingern leicht abziehen lässt, die Mandeln mit kaltem Wasser abschrecken und häuten. Anschließend gut trocknen lassen.
2) Kürbis waschen, schälen, entkernen und in Würfel schneiden.
3) Kürbis mit Gemüsebrühe oder Wasser, Walnussöl oder Sonnenblumenöl, Lorbeerblatt und Kurkuma kochen, bis er gar ist. Anschließend Lorbeerblatt entfernen und die Suppe pürieren.
4) Den Zucker in einer Anti-Haft-Pfanne bei mittlerer Hitze zum Schmelzen bringen. Mandeln hinzugeben und wenige Minuten unter ständigem Rühren karamellisieren lassen. Eventuell etwas Wasser hinzufügen. Die Mandeln zum Abkühlen auf ein gefettetes Tablett geben und nach dem Abkühlen fein hacken.
5) Für die Sahnehaube die Sahne steif schlagen und kalt stellen.
6) Die Suppe mit der Crème fraîche oder Sahne, Pfeffer, Muskat und Salz abrunden. Mandelkrokant (bis auf 2 EL für die Garnierung) unter die Suppe heben.
7) Die Cremesuppe in Teller geben, jede Portion mit einem Klecks Sahne versehen und mit Mandelkrokant, Zimt und Muskat bestreuen. Sofort servieren.

Reichen Sie dazu Toastbrot, frisches Baguette oder Kürbisstrudel (siehe Seite 116).

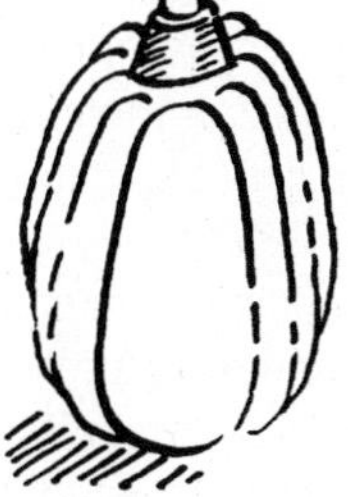

Brasilianischer Eintopf (Feijao)

Die Nationalspeise Brasiliens. Feijao (sprich: Feschao), der berühmte Eintopf aus schwarzen Bohnen, kommt überall in Brasilien gerne auf den Tisch. Mit der folgenden Variation bezaubert uns regelmäßig unsere deutsch-brasilianische Freundin Andrea.

Für 6 Personen

250 g schwarze Bohnen (Feijao)
750 ml (für Schnellkochtopf) – 1 l (für normalen Kochtopf) Wasser zum Garen der Bohnen
600 g Steckrüben oder Süßkartoffeln
350 g Kohlrabi mit Blättern
6 Karotten (etwa 350 g)
1 kg Kürbis
5 ganze frische Petersilienzweige
3 ganze frische Korianderzweige
2 EL Olivenöl
2 TL Kreuzkümmel
¾ TL Asafoetida
750 ml – 1 l (1 – 1,5 l) Wasser
3 ½ TL Meersalz

So wird's gemacht:

1) Schwarze Bohnen waschen und 5 Stunden oder besser über Nacht in Wasser einweichen. Eingeweichte Bohnen abtropfen lassen, mit frischem Wasser spülen und im Schnellkochtopf mit dem Wasser 20 – 25 Minuten (oder in einem Topf mit dem Wasser 50 – 60 Minuten) weich kochen (nicht zu weich, damit sie nicht aufplatzen).
2) In der Zwischenzeit Gemüse waschen und vorbereiten. Steckrübe oder Süßkartoffel und Kohlrabi schälen und klein würfeln (die Kohlrabiblätter für die Beilage aufheben). Karotten schälen und im Ganzen belassen (große Karotten in mittelgroße Stücke schneiden). Kürbis schälen, entkernen und in sehr große Schnitze von 100 – 150 g Gewicht schneiden. Petersilien- und Korianderzweige waschen.
4) Olivenöl in einem großen Topf erhitzen. Kreuzkümmel 30 Sekunden anrösten, dann Asafoetida hinzufügen und nach wenigen Sekunden 2 Schöpfkellen voll schwarzer Bohnen anrösten. Anschließend diese Bohnen mit einem Kartoffelstampfer zu Brei zerdrücken und die restlichen Bohnen zusammen

mit ihrem Kochwasser hinzufügen. Nun Steckrüben- und Kohlrabiwürfel, die Karotten, Kräuter, Salz und das Wasser dazugeben und kochen. Nach 5 Minuten die Kürbisschnitze hinzugeben und 15 – 20 weitere Minuten bei mittlerer Hitze köcheln, bis die Kürbisstücke weich sind. (Wenn Sie den Eintopf wie in Brasilien mit gerösteten Kohlrabiblättern und Maniokmehl oder Weizengrieß servieren, sollten Sie noch 500 ml heißes Wasser hinzugießen, damit die Konsistenz etwas flüssiger ist.) Falls Sie einen sämigeren Eintopf bevorzugen oder ihn ohne Kohlrabiblätter und Maniokmehl servieren, können Sie einen Teil der Bohnen und des Gemüses mit der Schöpfkelle zerstoßen oder pürieren.

5) Vor dem Servieren die Kräuterzweige herausnehmen und unten stehenden Serviertipp zubereiten. Den Eintopf mit der Kohlrabi-Maniok-Mischung bestreuen und servieren. Guten Appetit!

Gebratene Kohlrabiblätter mit Maniokmehl

Zu Feijao reicht man traditionell Reis mit Kohlrabiblättern und Maniokmehl.

250 g grüne Kohlrabiblätter
2 EL Butter oder Olivenöl
¾ TL Asafoetida
¼ TL Cayennepfeffer (kann entfallen)
250 g Maniokmehl
1 TL Meersalz

So wird's gemacht:

1) Kohlrabiblätter mit den kleineren Stielen waschen und fein hacken. Butter oder Öl in einer Pfanne erhitzen, Asafoetida darin rösten und nach wenigen Sekunden Kohlrabiblätter und Cayennepfeffer dazugeben und 4 – 5 Minuten anrösten. Maniokmehl hinzugeben und unter ständigem Rühren 2 – 3 Minuten rösten. Zum Abschluss Salz dazugeben – fertig ist die Beilage!

Falls Sie kein Maniokmehl auftreiben können – erhältlich ist es zum Beispiel in portugiesischen oder afrikanischen Lebensmittelgeschäften –, rösten Sie in 50 g Butter oder Pflanzenmargarine 100 g Weizengrieß einige Minuten goldgelb an und geben Sie erst anschließend Kohlrabiblätter, Asafoetida, Cayennepfeffer und Salz dazu.

Vollkornbasmati-Khichari

Königsreis für jedermann. Was Mungbohnen unter den Hülsenfrüchten sind, das ist der Basmatireis unter den Getreidesorten. In Khichari (sprich: Kidschari), einem indischen Nationalgericht, sind beide in idealer Weise kombiniert: Das wirkt nicht nur ausgleichend und reinigend, sondern ist zudem auch leicht bekömmlich. Planen Sie ein, dass die Mungbohnen drei Tage Zeit zum Keimen brauchen.

Für 4 Personen

50 g grüne Mungbohnen
150 g Vollkorn-Basmatireis
1 TL Kurkuma
1 – 1,5 l Wasser
650 g gemischtes Gemüse
(zum Beispiel Kürbis, Zucchini, Brokkoli, Karotten)
2 EL frisch geriebener Ingwer
4 – 5 EL gehackte Wildkräuter
(zum Beispiel Brennnessel, Giersch, Gartenmelde)
oder Spinat oder frische Küchenkräuter
1 EL grüne Kürbiskerne
1 EL Sonnenblumenkerne
1 EL Olivenöl
1 TL schwarze Senfsamen
1 ½ TL Kreuzkümmel
1 TL gemahlener Koriander
1 TL frisch gemahlener schwarzer Pfeffer
1 TL Meersalz

So wird's gemacht:
1) Grüne Mungbohnen waschen und 3 Tage keimen lassen (Anleitung siehe Seite 53). Vollkorn-Basmatireis am Vorabend waschen und in Wasser einweichen.
2) Die grünen Schalen der Mungbohnen lassen sich einfach entfernen: Mungsprossen in eine Schüssel mit Wasser geben und vorsichtig mit der Hand umrühren. Dabei treiben die Schalen an die Oberfläche. Dann vorsichtig abgießen und den Vorgang so lange wiederholen, bis alle Sprossen von den Schalen befreit sind.

3) Mungsprossen und abgetropften Reis in einem (Schnellkoch-)Topf mit Kurkuma und Wasser 20 Minuten kochen (12 – 15 Minuten im Schnellkochtopf).
4) In der Zwischenzeit Gemüse waschen und putzen. Kürbis oder Zucchini in kleine Würfel, Brokkoli in Röschen und Karotten in Stifte schneiden. Nun Gemüse, Ingwer, die gewaschenen und gehackten Wildkräuter oder den Spinat, Kürbis- und Sonnenblumenkerne dazugeben und 25 – 30 weitere Minuten kochen. (Wenn Sie frische Küchenkräuter verwenden, diese erst kurz vor dem Servieren unterheben.)
5) In einem kleinen Topf Olivenöl erhitzen und Senfsamen zugedeckt rösten, bis die Samen zu springen beginnen. Nun den Topf so lange vom Feuer nehmen, bis sie sich beruhigt haben. Kreuzkümmel dazugeben und einige Sekunden goldbraun rösten. Die gerösteten Gewürze in das Khichari geben. Koriander, Pfeffer, Salz (und frische Küchenkräuter) dazugeben.
6) Gewürze einige Minuten im Kichari quellen lassen, damit sich ihr Aroma voll entfaltet, und anschließend servieren.

Dieses Khichari schmeckt köstlich zu Salat und Fladenbrot oder auch zu Papadams (indischen »Riesenkräckern« aus Linsenmehl). Als i-Tüpfelchen können Sie noch etwas Butter oder Olivenöl darübergeben.
Grüne Mungbohnen bekommen Sie im Naturkostladen oder Reformhaus.

Nun kommt das Beste – Pikantes aus dem Backofen

Kürbiskernbrötchen

Die Kraft der kleinen Kerne. Grüne Kürbiskerne sind nicht nur eine leckere Knabberei. Sie haben auch für unsere Gesundheit viel zu bieten, zum Beispiel ätherische Öle und Vitamine sowie reichlich Zink, Phosphor, Eisen und Magnesium.

Für 12 Brötchen

20 g frische Hefe (½ Würfel)
500 – 550 ml lauwarmes Wasser
700 g Dinkelvollkornmehl
100 g grüne Kürbiskerne
1 TL Kümmel
1 TL Meersalz
Kürbiskerne zum Bestreuen
Fett für das Backblech

So wird's gemacht:

1) Hefe in einer kleinen Schüssel mit 250 ml lauwarmem Wasser und 5 EL Dinkelmehl verrühren. Diesen Vorteig zugedeckt 10 Minuten gehen lassen. Grüne Kürbiskerne und Kümmel in einer Pfanne ohne Fett rösten.
2) Das restliche Mehl in eine große Schüssel geben, zusammen mit dem Vorteig, dem restlichen Wasser und dem Salz zu einem sehr weichen Teig kneten. Kürbiskerne und Kümmel fein mahlen und ebenfalls unter den Teig kneten. Teig zugedeckt 30 Minuten an einem warmen, zugfreien Ort gehen lassen.
3) Backblech einfetten. 12 Brötchen formen, kreuzweise einschneiden, mit Wasser bestreichen und mit Kürbiskernen bestreuen. Brötchen 10 Minuten gehen lassen und im Backofen bei 200 °C 30 Minuten knusprig backen.

Gebackener Kürbis mit Käsefüllung

Der Käse der Wahl. Selbst gemachter Frischkäse enthält noch die meisten der unzähligen gesunden Inhaltsstoffe seiner Ausgangssubstanz, der Milch. Am besten gelingt er mit naturbelassener Rohmilch oder Vorzugsmilch. So und nicht anders wird der bekömmlichste Käse überhaupt schon seit Jahrtausenden in Indien hergestellt. Statt des selbst gemachten Frischkäses können Sie auch Mozzarella, Feta, Doppelrahm-Frischkäse oder pürierten Tofu verwenden.

Für 4 Personen

1 Hokkaido (etwa 1,5 kg Bruttogewicht)
etwas Olivenöl

Für den Frischkäse:
2 l Milch
frisch gepresster Saft einer Zitrone
oder statt des selbst gemachten Frischkäses:
200 g Doppelrahm-Frischkäse, Feta, Mozzarella oder Tofu

Für die Füllung:
500 g Zucchini
2 – 4 EL Olivenöl
1 TL Kreuzkümmel
1 ½ TL gemahlener Koriander
1 ½ EL frisch geriebener Ingwer
100 g frisch gehacktes Basilikum
¾ TL Meersalz
1 TL frisch gemahlener schwarzer Pfeffer

So wird's gemacht:

1) Backofen auf 200 °C vorheizen. Kürbis waschen, abtrocknen, einen Deckel abschneiden und die Schnittstellen mit Olivenöl einreiben. Deckel wieder aufsetzen und Kürbis 45 – 60 Minuten backen, bis sein Fruchtfleisch weich ist.
2) In der Zwischenzeit Frischkäse herstellen (Anleitung siehe Seite 42). Käse nur kurz im Käsetuch abhängen lassen, damit die Molke zwar abtropfen kann, der Frischkäse jedoch sehr weich bleibt.

3) Zucchini in dünne, längliche Streifen schneiden. 1 – 2 EL Olivenöl in einer Pfanne erhitzen. Kreuzkümmel darin goldbraun rösten, nach wenigen Sekunden Koriander und Ingwer hinzufügen und anschließend die Zucchinistifte 5 – 8 Minuten anbraten.
4) Frischkäse aus dem Käsetuch in eine Schüssel geben und mit 1 – 2 EL Olivenöl weich und geschmeidig kneten. Zusammen mit dem gehackten Basilikum zu den Zucchini geben und mit Salz und Pfeffer würzen.
5) Den Kürbis aus dem Backofen nehmen und mit einem Löffel die Kerne entfernen. Etwas Fruchtfleisch mit dem Löffel herausschaben, unter die Käsefüllung heben und in den Kürbis füllen. Nun den Deckel daraufsetzen und den Kürbis sofort servieren oder aber im Backofen so lange warm halten, bis die restlichen Beilagen fertig sind.

Servieren Sie den gebackenen Kürbis auf einer Platte und schneiden Sie für jede Portion ein beliebig großes »Kuchenstück« ab. Die Schale des Hokkaido können Sie mitessen. Zu diesem Schlemmergericht passen Basmatireis oder Hirse und viel Salat.

Gebackener Kürbis à la Toscana

Die essbare Verpackung. Der leuchtend orangefarbene Hokkaido muss nicht geschält werden, Sie können seine dünne Schale ohne Weiteres mitessen. Ein Rezept mit italienischer Note – buon appetito!

Für 4 Personen

1 orangefarbener Hokkaido (etwa 1,75 kg Bruttogewicht)
Fett für das Backblech
etwas Olivenöl zum Bestreichen

Für die Füllung:
400 – 500 g Tomaten
400 – 500 g Nudeln
(am besten kleine Sorte, zum Beispiel Muschelnudeln)
Meersalz
300 g Zucchini
2 EL Olivenöl
1 ½ EL frisch geriebener Ingwer
1 EL getrocknetes Basilikum oder 1 Bund frisches Basilikum
1 TL getrockneter Thymian
1 TL frisch gemahlener schwarzer Pfeffer
50 – 75 g schwarze Oliven
150 g saure Sahne oder 200 g Mozzarella oder veganer Käse
Olivenöl zum Beträufeln

So wird's gemacht:

1) Backofen auf 200 °C vorheizen und ein Backblech einfetten. Kürbis waschen und abtrocknen. Die Oberseite wie einen Deckel abschneiden, die Schnittflächen mit Olivenöl bestreichen und den Deckel wieder aufsetzen. Kürbis mit den Kernen 45 – 60 Minuten backen, bis das Kürbisfleisch weich ist.
2) Die Tomaten in der Zwischenzeit in kochend heißem Wasser blanchieren, enthäuten und klein schneiden.
3) Nudeln in einem Topf mit Salzwasser al dente kochen.

4) Zucchini waschen und in Stifte schneiden. In einem Topf Olivenöl erhitzen, Ingwer und Zucchini anbraten und nach 4 – 5 Minuten die Tomaten dazugeben. Mit getrockneten Kräutern, Pfeffer, 1 TL Salz und gehackten Oliven würzen. Falls Sie frisches Basilikum verwenden, dieses erst nach dem Kochen unterheben.
5) Die Kerne mitsamt anhaftenden Fäden mit einem Löffel aus dem gebackenen Kürbis nehmen und durch ein feines Sieb streichen. Dieses Kürbispüree (auch von der Unterseite des Siebes) zur Zucchini-Tomaten-Masse geben. (Die Kerne können Sie entweder zum Kompost geben oder getrocknet und geröstet als gesunde Knabberei genießen, siehe auch Seite 37.) Nun mit einem Löffel aus dem Kürbis möglichst viel Fruchtfleisch herausschaben und ebenfalls zur Zucchini-Tomaten-Masse geben. Achten Sie jedoch darauf, dass der Kürbis genügend Standfestigkeit behält. Nudeln und saure Sahne oder in Würfel geschnittenen Mozzarella oder veganen Käse ebenfalls in die Füllung mischen.
6) Das ausgehöhlte Kürbisinnere mit Salz einreiben und mit Olivenöl beträufeln. Die Füllung hineingeben, den Kürbisdeckel aufsetzen und im ausgeschalteten Backofen bis zum Servieren zusammen mit der restlichen Füllung warm halten.

Servieren Sie den gebackenen Kürbis auf einer Platte und schneiden Sie für jede Portion ein »Kuchenstück« ab. Noch einen Salat dazu, zum Beispiel Eisberg-Kürbis-Salat mit Mais (siehe Seite 155) oder Spargel-Kürbis-Salat (siehe Seite 150), und Ihr Festmahl kann beginnen.

Gefüllter Kürbis

Eine runde Sache. In diesem Kürbis verbergen sich Reis, Frischkäse und einige andere Überraschungen. Sollten Sie keinen orangefarbenen Hokkaido bekommen, dann tut es auch der weiße mittelgroße Patisson, den man auch Bischofsmütze nennt, oder der Goldapfel-Kürbis. Bei diesen Sorten können Sie übrigens die Schale mitverzehren.

Für 4 – 5 Personen

1 großer oder 2 kleine Hokkaido, Goldapfel-Kürbis (Pomme d'or)
oder Patisson (mit einem Gesamt-Bruttogewicht von etwa 1,3 kg)
1 l Wasser oder Molke (vom Frischkäse)
2 Lorbeerblätter
½ TL Currypulver

Für den Frischkäse:
2 l Milch
frisch gepresster Saft einer Zitrone
oder statt des selbst gemachten Frischkäses:
200 g Doppelrahm-Frischkäse oder Feta

Für die Reisfüllung:
200 g Basmatireis
Olivenöl
1 ½ TL Schwarzkümmel
1 TL Kurkuma
1 EL frisch geriebener Ingwer
400 ml Gemüsekochwasser
4 – 5 EL frisch gehacktes Basilikum oder Petersilie
50 g schwarze Oliven
240 g Artischockenherzen aus dem Glas
1 ½ TL Thymian
1 TL frisch gemahlener schwarzer Pfeffer
1 – 1 ½ TL Meersalz
etwas Molke oder Olivenöl zum Beträufeln

So wird's gemacht:

1) Weichen Frischkäse herstellen (Anleitung siehe Seite 42), die Molke aufheben.
2) Kürbis(se) waschen, die oberen Drittel wie Deckel abschneiden und die Kerne entfernen. Kürbis(se) in einem ausreichend großen Topf mit Wasser oder Molke, Lorbeerblättern und Curry 8 – 12 Minuten (je nach Größe) halb gar kochen.
3) Reis waschen und abtropfen lassen. In einem Topf 1 TL Olivenöl erhitzen und die Gewürze einige Sekunden anrösten. Sogleich den Reis dazugeben und anbraten, bis er glasig ist. Dann mit dem Gemüsekochwasser ablöschen, aufkochen lassen und auf kleiner Flamme etwa 10 Minuten zugedeckt köcheln lassen.
4) Nun frische Kräuter, gehackte Oliven, halbierte Artischockenherzen, Thymian, Pfeffer und Salz unter den Reis heben. Den Käse in einer Schüssel mit 1 EL Olivenöl vermengen.
5) Den Kürbis in verschiedenen Lagen abwechselnd mit Reis und Käse füllen, Kürbisdeckel wieder aufsetzen und in einer gefetteten Auflaufform im Backofen bei 200 – 220 °C etwa 20 Minuten backen. Den restlichen Reis und Frischkäse ebenfalls in die Auflaufform geben und darüber etwas Molke oder Olivenöl geben, damit es beim Backen nicht zu trocken wird. Auflaufform mit einem Deckel oder Alufolie abdecken.

Zur Abrundung können Sie vor dem Backen zusätzlich noch Kräuter der Provence und etwas saure Sahne über die oberste Schicht des Auflaufs geben. Noch ein knackig frischer Salat dazu und Sie haben ein vollmundiges Menü (zum Beispiel Kürbis-Karotten-Salat, siehe Seite 154).

Kürbis-Kartoffel-Gratin mit Mais

Die dolle Knolle. Jahrtausendelang war die Kartoffel bei den Inkas ein Grundnahrungsmittel. Bei uns bekam sie diese Bedeutung erst durch einen »Trick« Friedrichs des Zweiten, des »Alten Fritz«: Erst nachdem er die Erdäpfel unter Polizeiaufsicht in die Erde pflanzen ließ, waren auch die Bauern vom Wert dieser Pflanze überzeugt. Wenn's einfach und schnell gehen soll, liegen Sie bei diesem Gratin genau richtig.

Für 4 Personen

650 g Kartoffeln
550 g Kürbis
2 EL Olivenöl
1 EL frisch geriebener Ingwer
1 ½ TL Currypulver
150 ml Gemüsebrühe
285 g Gemüsemais aus dem Glas
Fett für die Auflaufform

Für den Guss:
150 g Doppelrahm-Frischkäse
150 g saure Sahne
4 – 5 EL Gemüsebrühe
1 TL Meersalz
½ TL frisch gemahlener weißer Pfeffer
1 TL Currypulver
1 Bund frisch gehacktes Basilikum

So wird's gemacht:
1) Pellkartoffeln kochen.
2) Kürbis waschen, schälen, entkernen und in kleine Würfel schneiden.
3) Öl in einem Topf erhitzen, Ingwer, Curry und Kürbiswürfel anrösten und nach etwa 5 Minuten mit Gemüsebrühe aufgießen. Kürbis etwa 15 Minuten zugedeckt köcheln lassen. Gemüsemais abtropfen lassen und kurz vor Ende der Kochzeit zu dem Kürbis geben.

4) Backofen auf 220 °C vorheizen. Kartoffeln schälen und in Scheiben schneiden. Auflaufform einfetten. Abwechselnd Kartoffeln und Kürbis-Mais-Mischung in die Form schichten. Das Kürbiskochwasser über den Auflauf gießen. Alle Zutaten für den Guss zu einer dickflüssigen Masse rühren und ebenfalls über das Gemüse gießen.
5) Gratin im Backofen 25 – 30 Minuten goldbraun backen.

Zu diesem Kürbisgratin passt sehr gut Feldsalat oder Kürbis-Raita (siehe Seite 149).

Kürbisgratin in Orangensaft

Andere Länder, andere Sitten – und andere Rezepte. So viele verschiedene Sorten von Kürbis es rund um den Erdball gibt, in so vielen leckeren Variationen bereitet man ihn auch zu. Hier ein Rezept unserer französischen Nachbarn.

Für 4 Personen
Für 2 große Auflaufformen oder Kasserolen mit Deckel

300 g Feta oder Tofu
1 kg Kürbis (zum Beispiel die Riesenkürbis-Sorte Hokkaido oder Potimarron)
3 – 4 TL frisch gehackter Ingwer

Für die Marinade:
3 EL Sesamöl oder Sonnenblumenöl
frisch gepresster Saft einer halben Orange
½ TL Zitronenpfeffer oder frisch gemahlener schwarzer Pfeffer
½ TL Meersalz
¼ TL Cayennepfeffer
1 Prise Zimtpulver
1 EL Sesam

Außerdem:
eventuell 1 Orange
frisch gepresster Saft einer halben bis einer Orange
½ TL Meersalz
½ TL Zitronenpfeffer oder frisch gemahlener schwarzer Pfeffer
eventuell 1 TL Vollrohrzucker
2 EL Butter oder Sonnenblumenöl
Fett für die Form

So wird's gemacht:

1) Feta oder Tofu in dünne Scheiben schneiden. Die Zutaten für die Marinade vermischen und den Tofu oder Feta darin marinieren. Wenn möglich, 1 Stunde ziehen lassen. Kürbis waschen, schälen, entkernen und in sehr dünne Scheiben schneiden.
2) Zwei Kasserolen oder Auflaufformen einfetten. Backofen auf 225 °C vorheizen. In die (erste) Auflaufform abwechselnd die Hälfte der Kürbisscheiben und alle Tofuscheiben oder Fetascheiben dachziegelartig hineinlegen. Mit der Hälfte des Ingwers bestreuen und mit der Marinade des eingelegten Tofus übergießen.
3) In die zweite Kasserole oder Form die restlichen Kürbisscheiben schichten. (Falls erwünscht, eine Orange schälen und in dünne Scheiben schneiden. Die Scheiben zwischen die Kürbisscheiben schichten.) Mit dem restlichen Ingwer bestreuen und den Saft einer Orange darübergießen. (Falls Sie Orangenscheiben zwischen die Kürbisstücke legen, genügt der Saft einer halben Orange.) Mit Salz, Pfeffer (und eventuell Vollrohrzucker) bestreuen und Butterflocken oder Öl darübergeben.
4) Kasserole mit Deckel schließen und beide Formen im Backofen bei 200 °C 45 – 60 Minuten backen, bis der Kürbis weich ist.

Statt der Tofuscheiben oder Fetascheiben macht sich auch selbst gemachter gepresster Frischkäse gut (aus 2 – 2,5 l Milch, Anleitung siehe Seite 42). Servieren Sie dazu Baguette oder Kürbisbrot (siehe Seite 112) mit Kürbis-Sesam-Dip (siehe Seite 165).

Gebackener Kürbis mit Kokos

Überraschungen gehören zur Tagesordnung. Selbst ein großer Kürbis lässt in der Küche keine Langeweile aufkommen. Hier präsentiert sich das ergiebige Gemüse mit seinem orangegelben Fruchtfleisch gebacken. Der Clou steckt im Detail und meint in diesem Rezept die Kokosflocken.

Für 4 Personen

500 g Kürbis
Fett für die Auflaufform
1 – 2 TL Olivenöl oder Butter
1 TL gemahlene Fenchelsamen
1 TL gemahlener Koriander
¼ TL Cayennepfeffer oder 1 kleine frische Chilischote
zerstoßene Samen von 3 – 4 Kardamomkapseln
1 Prise Zimtpulver
3 EL Kokosflocken
1 TL Meersalz
2 TL frisch gepresster Zitronensaft

So wird's gemacht:

1) Kürbis waschen, schälen, entkernen und in Würfel schneiden. In eine gefettete Auflaufform geben und im Backofen bei 220 – 250 °C 20 Minuten backen.
2) Olivenöl oder Butter in einem Topf schmelzen, Gewürze und Kokosflocken für einige Sekunden darin rösten. Die Form aus dem Ofen nehmen und die Mischung über den Kürbiswürfeln verteilen.
3) Zum Abschluss mit etwas Salz bestreuen und mit Zitronensaft beträufeln.

Dazu Kürbis-Gnocchi in Salbeibutter (siehe Seite 136) und Kürbiskern-Rucola-Sauce (siehe Seite 161) und Sie haben ein Kürbis-Festmahl par excellence!

Kürbispüree

Kürbispüree passt sehr gut zu Reis, Kartoffelgerichten (zum Beispiel Kürbis-Kartoffel-Kroketten, siehe Seite 132) und süßscharfen Chutneys.

Für 4 Personen

500 g Kürbis
Fett für die Auflaufform
2 EL Sahne
2 – 3 TL Vollrohrzucker
1 TL Meersalz
1 TL gemahlener Koriander
½ TL Paprikapulver
¼ TL frisch geriebener Muskat
3 EL Kokosflocken
1 – 2 TL Olivenöl oder Butter

So wird's gemacht:

1) Kürbis waschen, schälen, entkernen und in Würfel schneiden. In eine gefettete Auflaufform geben und im Backofen bei 220 – 250 °C 20 Minuten backen.
2) Den gebackenen Kürbis mit Sahne, Vollrohrzucker und Salz cremig pürieren. Anschließend Gewürze unterheben. Kokosflocken in geschmolzener Butter oder Olivenöl goldbraun rösten und über das Püree streuen.

Fenchel-Quinoa-Auflauf mit Kürbis

»Mutter Korn«, so nannten die Azteken und Inkas die weißlich gelben Quinoa-Körnchen. Auch wenn Quinoa kein Getreide, sondern ein Gänsefußgewächs ist, ändert das nichts an seinen wertvollen Inhaltsstoffen. Weitere Pluspunkte: Quinoa ist zäh und widerstandsfähig und gedeiht noch in hohen Gebirgslagen, zum Beispiel in den Anden weit über 4000 Meter über dem Meeresspiegel.

Für 4 – 6 Personen

100 g Quinoa
300 ml Wasser
400 g Süßkartoffeln
300 g Kürbis
950 g Fenchel
1 TL frisch geriebener Ingwer
1 TL Fenchelsamen
1 TL Kreuzkümmel
Fett für die Auflaufform
½ TL Kurkuma
¼ TL Zimtpulver
1 TL getrockneter Thymian
1 TL getrockneter Majoran
1 Prise frisch geriebener Muskat
¾ TL frisch gemahlener schwarzer Pfeffer
1 TL Meersalz
3 EL Molke (vom Frischkäse) oder (Gemüsekoch-)Wasser
2 – 3 EL Sahne

Für den Frischkäse:
1 l Milch
frisch gepresster Saft einer halben Zitrone
oder statt des selbst gemachten Frischkäses: 200 g körniger Frischkäse

So wird's gemacht:

1) Quinoa in einem feinen Sieb unter fließendem Wasser spülen. Mit dem Wasser 10 – 15 Minuten kochen und anschließend quellen lassen.
2) Frischkäse herstellen (siehe Seite 42) und 5 – 10 Minuten im Käsetuch abhängen lassen.
3) Gemüse waschen. Süßkartoffeln und Kürbis schälen, Kürbis entkernen. Gemüse in dünne Scheiben schneiden und in einem Topf mit etwas Wasser etwa 8 Minuten halb gar kochen.
4) Backofen auf 200 – 220 °C vorheizen. Fenchelsamen und Kreuzkümmel trocken rösten und in einem Mörser zerstoßen. Eine Kasserole (mit Deckel) einfetten und das Gemüse dachziegelartig hineinlegen.
5) Käse mit Quinoa, Ingwer, den restlichen Gewürzen und Kräutern, Salz, Molke oder (Gemüsekoch)-Wasser und Sahne vermischen. Quinoamischung auf dem Gemüse verteilen und im Backofen etwa 35 Minuten bei goldbraun backen. (Die Quinoamischung sollte feucht genug sein, damit der Auflauf während des Backens nicht austrocknet. Deshalb auch mit Deckel oder Alufolie bedecken.)

Falls der Auflauf durch das Backen etwas zu trocken geworden ist, noch etwas Gemüsekochwasser darübergeben oder mit Buttermilch oder einer Sauce Ihrer Wahl (zum Beispiel Kürbiskern-Rucola-Sauce, siehe Seite 161) servieren.

Kürbisauflauf mit Teigsternen

Verwöhnen Sie Ihre Gäste und sich selbst mit dieser verführerischen Kürbiskreation.

Für 4 Personen

50 – 75 g Kichererbsen
Wasser zum Einweichen und Kochen der Kichererbsen
850 g Hokkaido (oder andere Kürbissorte nach Wahl, Bruttogewicht)
300 g Stangensellerie
200 g Auberginen
250 g rote Paprika
2 EL Olivenöl
2 TL Kreuzkümmel
1 ½ EL frisch geriebener Ingwer
2 TL gemahlener Koriander
etwa 50 ml Wasser
½ TL Meersalz
Fett für die Auflaufform

Für die Tomatensauce:
1 gehäufter EL Wildpfeilwurzelmehl oder Maisstärke
3 – 4 EL Tomatenmark, doppelt konzentriert
300 ml Wasser
1 EL Olivenöl
1 ½ TL schwarze Senfkörner
1 TL Paprikapulver
½ TL frisch gemahlener schwarzer Pfeffer
1 EL Kräuter der Provence
1 TL Meersalz

Für die Teigsterne:
125 g Dinkelvollkornmehl
1 Msp Natron (kann entfallen)
50 g Butter oder reine Pflanzenmargarine
4 EL saure Sahne oder 3 EL pflanzliche Sahne (siehe Seite 43)
¾ TL Meersalz
1 EL Sonnenblumenkerne
2 TL Kräuter der Provence

So wird's gemacht:

1) Kichererbsen – wenn möglich – über Nacht in Wasser einweichen und anschließend in einem Topf mit Wasser 1 Stunde weich kochen. Im Schnellkochtopf dauert es 35 – 40 Minuten.
2) Gemüse waschen. Hokkaido halbieren und Kerne entfernen. Kürbis in sehr dünne, blättrige Scheiben schneiden. Selleriestangen in dünne Ringe, Auberginen in dünne, lange Streifen und Paprika in Würfel schneiden.
3) In einem großen Topf Olivenöl erhitzen und Kreuzkümmel 1 Minute goldbraun rösten. Ingwer und Korianderpulver dazugeben und nach wenigen Sekunden auch die Auberginenstreifen. Nach etwa 2 Minuten Sellerie, Paprika und etwas später die Kürbisscheiben hinzufügen. Gut rühren, damit nichts anbrennt. Sobald das Gemüse leicht geröstet ist, das Wasser hinzugeben und zugedeckt etwa 15 Minuten kochen, bis das Gemüse gar ist. Dann das Salz unterheben.
4) In der Zwischenzeit die Tomatensauce und den Teig für die Sterne herstellen: Wildpfeilwurzelmehl oder Maisstärke mit Tomatenmark und mit kaltem Wasser verrühren. In einem Topf Olivenöl erhitzen und darin die Senfkörner rösten (mit Deckel), bis die Samen hörbar gegen den Deckel springen. Nun den Topf von der Flamme ziehen, bis sich die Samen beruhigt haben. Anschließend gleich die Tomatensauce aufgießen. Mit Paprika, Pfeffer, Kräutern der Provence und Salz abrunden und bei mittlerer Hitze etwas eindicken lassen.
5) Alle Zutaten für die Teigsterne in einer Schüssel zu einem elastischen Teig kneten und kalt stellen.
6) Den Backofen auf 200 °C vorheizen und eine Auflaufform einfetten. Gemüse in die Form füllen. Die weichen Kichererbsen in die Tomatensauce geben und diese über dem Auflauf verteilen. Den Teig etwa 20 × 20 cm groß und 0,5 cm dick ausrollen und Teigsterne ausstechen. Die Teigsterne dachziegelartig am Rand der Form und zwei bis drei Sterne in der Mitte dekorieren. Den Auflauf im Backofen etwa 30 Minuten backen, bis die Sterne goldbraun und knusprig sind.

Dieser dekorative Auflauf verlangt förmlich nach Basmatireis und Salat.

Gefüllter Kürbis in Brotteig

Inkognito. In diesem Rezept hat sich der Kürbis im Brotteig versteckt. Damit überraschen Sie nicht nur verwöhnte Gaumen, sondern Sie können die Füllung auch nach Saison und Laune beliebig variieren. Kommt noch ein knackiger Eisbergsalat dazu, dann ist für jede Menge Abwechslung auf dem Esstisch gesorgt.

Für 6 – 8 Personen

Für den Brotteig:
500 g Dinkelvollkornmehl
250 – 275 ml lauwarmes Wasser
1 Päckchen Trockenhefe oder 20 g frische Hefe (½ Würfel)
6 EL Olivenöl
3 EL Sesam
1 TL Meersalz

Für den gefüllten Kürbis:
250 – 300 g selbst gemachter Frischkäse
aus 2 ½ – 3 l Milch und 5 EL frisch gepresstem Zitronensaft
oder statt des selbst gemachten Frischkäses:
250 g Mozzarella, Feta oder veganer Käse
1 – 1,5 kg Kürbis (1 – 2 kleine und runde Kürbisse,
zum Beispiel die Riesenkürbis-Sorte Hokkaido oder Potimarron
oder die Gartenkürbis-Sorte Rondini, Bruttogewicht)
Olivenöl
2 – 3 EL Tomatenmark, doppelt konzentriert
1 EL Wildpfeilwurzelmehl oder Maisstärke
200 ml Wasser
1 TL Majoran
1 TL Thymian
1 TL frisch gemahlener schwarzer Pfeffer
50 g Oliven oder 4 EL Kapern
1 TL Meersalz
2 EL frisch gehackter Salbei
4 – 5 EL frisch gehacktes Basilikum oder Petersilie

So wird's gemacht:

1) Alle Zutaten für den Brotteig miteinander verkneten und zugedeckt 30 – 40 Minuten an einem warmen, zugfreien Ort gehen lassen.
2) In der Zwischenzeit die Kürbisfüllung zubereiten: Frischkäse herstellen (siehe Seite 42). Falls Sie Mozzarella, Feta oder veganen Käse verwenden, diesen in Würfel schneiden.
3) Kürbis(se) waschen, schälen, Deckel abschneiden und Kürbis(se) entkernen. Von innen und außen mit 1 – 2 TL Olivenöl bestreichen.
4) 2 EL Olivenöl in einem Topf erhitzen, mit Tomatenmark sowie dem mit Wasser verrührten Wildpfeilwurzelmehl oder der angerührten Maisstärke aufgießen und die getrockneten Kräuter und Pfeffer dazugeben. Die Sauce so lange köcheln lassen, bis sie etwas eingedickt ist. Dann Käse, gehackte Oliven oder Kapern, Salz, Salbei und Basilikum hinzugeben und Kürbis(se) damit füllen.
5) Backofen auf 200 °C vorheizen. Backblech oder Auflaufform einfetten. Den Brotteig noch einmal kräftig durchkneten und je nach Kürbisgröße zu einem großen oder zwei kleinen, jedoch nicht zu dünnen Fladen ausrollen.
6) Fladen um den Kürbis oder die Kürbisse (mit Deckel) legen. Nun den Kürbis im Teigmantel auf das Blech oder in die Auflaufform legen und im Backofen etwa 45 Minuten goldbraun und knusprig backen. Eventuell noch einige Minuten in der Nachhitze stehen lassen.
7) Nach dem Backen mit Olivenöl einpinseln.

Noch etwas Salat oder eine Suppe dazu, und das Gaumenerlebnis ist perfekt.

Kürbisbrot

Großmutter wusste, was gut schmeckt und gesund ist. Gönnen auch Sie sich dieses leckere Brot und servieren Sie dazu eine Kürbiscremesuppe mit Schlagsahne oder pflanzlicher Sahne. Sie werden begeistert sein.

Für 1 Brot

2 TL gemahlener Koriander
700 – 800 g Dinkelvollkornmehl
(Menge abhängig von der Feuchtigkeit des Kürbisses)
20 – 30 g frische Hefe
300 ml lauwarmes Wasser
1 EL Ahornsirup
2 EL Meersalz
300 g Kürbis (zum Beispiel die Gartenkürbis-Sorte Eichelkürbis oder die Moschuskürbis-Sorte Muskatkürbis)
100 g Karotten oder Rettich
60 g gemahlene Mandeln
Fett für das Backblech oder die Kastenbackform

So wird's gemacht:

1) Koriander mit dem Dinkel in einer Schüssel mischen. Die Hefe in einem kleinen Topf im lauwarmen Wasser auflösen und mit Ahornsirup und etwas Mehl verrühren. Diesen Vorteig zugedeckt 15 Minuten gehen lassen.
2) Meersalz unter das Mehl mischen. Den Vorteig dazugeben und kräftig zu einem glatten, geschmeidigen Teig kneten, bis sich der Teig vom Schüsselrand löst und nicht mehr klebt. Hefeteig mit einem Tuch abgedeckt an einem warmen, zugfreien Ort etwa 30 Minuten gehen lassen.
3) In der Zwischenzeit den zimmertemperierten Kürbis waschen, schälen, die Kerne entfernen und das Fruchtfleisch raspeln. Ebenso die Karotten oder den Rettich waschen, raspeln und mit den gemahlenen Mandeln unter den Kürbis mischen.

4) Das geraspelte Gemüse nach und nach unter den Hefeteig kneten. Je nach Bedarf noch etwas Dinkelmehl unterkneten. Der Teig sollte nicht kleben, aber auch nicht zu fest sein.
5) Den Hefeteig 1 weitere Stunde zugedeckt gehen lassen, bis sich sein Volumen verdoppelt hat. Dann noch einmal kräftig durchkneten und zu einem Laib formen. Das Kürbisbrot auf ein gefettetes Backblech oder in eine gefettete Kastenbackform legen. Den Laib einschneiden und zugedeckt nochmals 20 Minuten gehen lassen.
6) Im Backofen bei 200 °C 50 – 60 Minuten backen. (In der Kastenform gebackenes Brot aus der Form stürzen.) Klopftest machen. Das Brot ist fertig, wenn es eine knusprige Kruste hat und hohl klingt, wenn Sie auf die Unterseite klopfen. Eventuell noch einige Minuten in der Nachhitze des Ofens stehen lassen.
7) Brot auf einem Gitter auskühlen lassen.

Focaccia mit Kürbis

Das luftige Fladenbrot aus der Toskana. Bei unseren südlichen Nachbarn gibt es die traditionellen großen und flachen Fladenbrote Focaccia in buchstäblich unzähligen Variationen. Einmal backt man sie mit ganzen Kräuterbüschelchen aus Thymian, Rosmarin oder Salbei belegt, ein anderes Mal mit ganzen Oliven und wieder ein anderes Mal ... Lassen Sie sich überraschen!

Für 4 Fladenbrote

Für den Hefeteig:
250 g Kartoffeln
20 g frische Hefe (½ Würfel)
200 ml lauwarmes Wasser
450 g Dinkelvollkornmehl
250 g Kürbis
450 – 500 g Weizenmehl Type 1050
3 EL Olivenöl
3 TL Meersalz
Fett für das Backblech

Für den Belag:
16 Oliven
16 enthäutete Mandeln
ein kleiner Zweig Rosmarin
etwas Olivenöl

So wird's gemacht:
1) Pellkartoffeln kochen (eventuell schon am Vortag).
2) Die Hefe in das lauwarme Wasser bröckeln und mit etwas Dinkelmehl verrühren. Diesen Vorteig abgedeckt an einem warmen Ort 15 Minuten gehen lassen.
3) Die abgekühlten Kartoffeln schälen und mit einer Gabel zu Brei zerdrücken. Kürbis waschen, schälen, entkernen und raspeln.

4) Restliches Dinkelmehl und das Weizenmehl in eine Schüssel geben und mit Vorteig, Kartoffeln, Kürbis, Olivenöl und Meersalz zu einem Hefeteig kneten. Die Mehlmenge richtet sich nach der Feuchtigkeit des Kürbisses und kann deshalb etwas variieren. Beim Kneten sollte der Teig nicht mehr kleben. Hefeteig zugedeckt an einem warmen Ort 45 – 60 Minuten gehen lassen, bis sich sein Volumen verdoppelt hat.
5) Oliven gegebenenfalls entsteinen. Teig noch einmal kräftig durchkneten, zu vier Kugeln formen und zu flachen Fladen ausrollen. Je zwei Fladen auf ein gefettetes Backblech legen und mit den Fingerkuppen in regelmäßigen Abständen 1 cm große Vertiefungen in den Teig drücken. Je zwei Fladen mit Oliven und zwei Fladen mit Mandeln belegen. Zum Abschluss noch frische Rosmarinspitzen über die Brote streuen und mit etwas Olivenöl beträufeln. Nochmals 15 – 20 Minuten zugedeckt gehen lassen.
6) Fladenbrote im Backofen bei 200 °C 25 – 30 Minuten backen.

Am besten schmeckt Focaccia noch warm und zu Salat oder einer Suppe.

Kürbisstrudel

Fein soll es sein. Das Besondere an diesem Strudel sind seine dünnen Teigblätter, die im Gegensatz zum klassischen Blätterteig nur aus Weizenmehl, Wasser und Salz bestehen. Türkische Gemüsegeschäfte bieten sie in dünner und manchmal auch in hauchdünner Version an. Von den hauchdünnen Blättern nehmen Sie einfach zwei bis drei mit Olivenöl bestrichene Teiglagen, so kann die Füllung beim Backen nicht herauslaufen.

Für 4 – 6 Personen
Für 3 dünne Strudel

Für den Strudelteig:
3 dünne Teigblätter (dünner türkischer Blätterteig, Yufka-Teigblätter)
50 – 100 ml Olivenöl zum Bestreichen

Für die Füllung:
600 g Paprika (je 1 rote, gelbe und grüne)
300 g Karotten
850 g Kürbis
100 g grüne Oliven
Olivenöl
1 frische grüne Chilischote
2 TL gemahlener Koriander
1 TL Paprikapulver
1 TL Kurkuma oder Currypulver
100 ml Gemüsebrühe oder Wasser
150 g saure Sahne, Feta oder Mozzarella
1 TL Meersalz

So wird's gemacht:

1) Gemüse waschen. Paprika in dünne Streifen schneiden. Karotten in 0,5 cm feine und etwa 3,5 cm lange Stifte schneiden. Kürbis schälen, entkernen und in etwa 2 cm große Würfel schneiden. Oliven hacken.

2) 2 – 3 EL Olivenöl in einem großen Topf erhitzen, entkernte und gehackte Chili einige Sekunden anrösten und anschließend die Pulvergewürze dazugeben. Einige Sekunden später die Paprika und Karottenstifte etwa 5 Minuten darin anbraten, nun die Kürbiswürfel dazugeben. Einige Minuten darauf mit Gemüsebrühe aufgießen und die Füllung etwa 15 Minuten köcheln lassen, bis der Kürbis gar ist.
3) Saure Sahne oder in kleine Würfel geschnittenen Feta oder Mozzarella mit Salz und gehackten Oliven unter die Füllung heben.
4) Backofen auf 200 °C vorheizen. Ein Backblech mit Olivenöl einfetten. Das erste dünne Teigblatt mit Hilfe eines Pinsels großzügig mit Olivenöl bestreichen und auf das Blech legen. Ein Drittel der Füllung auf dem halben Teigblatt verteilen und zu einem Strudel aufrollen. Beim Aufrollen die Außenseite des Teigblattes mit Olivenöl bestreichen. Mit den anderen beiden Teigblättern ebenso verfahren.
5) Die drei Strudel auf einem Blech im Backofen etwa 30 Minuten goldbraun backen. Eventuell 5 Minuten vor dem Ende der Backzeit noch einmal mit Olivenöl bestreichen.

Servieren Sie zu diesem Strudel einen leckeren Salat (zum Beispiel Kürbis-Kartoffel-Salat, siehe Seite 154).

Kürbis-Amarant-Pastete

Amarant ist ein Fuchsschwanzgewächs. Es ist lecker und gesund: 75 % herzfreundliche ungesättigte Fettsäuren im Fettanteil und reichlich Vitamin C sprechen für sich.

Für 4 Personen

Für den Blätterteig:
125 g Dinkelvollkornmehl oder Weizenvollkornmehl
1 Prise Meersalz
75 g gekühlte Butter
60 ml eiskaltes Wasser
Mehl für die Arbeitsfläche
oder 150 – 225 g fertiger Vollkorn-Blätterteig aus dem Bioladen

Für die Füllung:
850 g Kürbis (zum Beispiel die Riesenkürbis-Sorte Türkenturban)
350 g Karotten
1 EL Butter
abgeriebene Schale und frisch gepresster Saft einer halben unbehandelten Orange
2 TL Currypulver
Butter für die Auflaufform
5 – 6 EL Amarant
2 TL frisch geriebener Ingwer
etwas Meersalz
etwas frisch gemahlener Pfeffer
etwas frisch geriebener Muskat
200 g saure Sahne
4 EL Vollkorn-Semmelbrösel oder Weizenkleie
2 – 3 EL Pinienkerne

So wird's gemacht:
Falls Sie fertigen Blätterteig verwenden, entfallen die Arbeitsschritte 1) – 4): Den fertigen Blätterteig leicht antauen lassen und die Pastete ab Schritt 5) weiter zubereiten.

1) Für den selbst gemachten Blätterteig Dinkelmehl aussieben und in einer Schüssel mit dem Salz mischen. Butter in vier gleich große Stücke teilen. Ein Viertel der Butter (etwa 20 g) in das Mehl reiben. Wasser hinzufügen

und alles miteinander verkneten. Den Rest der Butter kühl stellen. Teig auf eine leicht bemehlte Fläche legen und kneten, bis er glatt ist. Zu einem Rechteck formen und auf 10 – 15 cm Kantenlänge ausrollen. Am Ende ein Lineal nehmen, damit die Ecken rechtwinklig und die Ränder gerade sind.

2) Ein weiteres Viertel der Butter in dünne Scheiben schneiden und in Reihen auf zwei Dritteln des Teiges verteilen (Ränder dabei freilassen). Nun das untere Drittel des Teiges (ohne Butter) zur Mitte schlagen, dann das gegenüberliegende Drittel ebenfalls zur Mitte schlagen, sodass drei übereinanderliegende Schichten entstehen.
3) Die Ränder mit dem Nudelholz leicht zusammendrücken. Das Teigstück mit der Schmalseite zum Körper drehen. Teig erneut, diesmal ohne Fettzugabe, ausrollen und zusammenfalten.
4) Die Schritte 2) und 3) zweimal wiederholen – jetzt ist die gesamte Butter verbraucht. Teig in Frischhaltefolie einschlagen und mindestens 30 Minuten kalt stellen. Dann wieder ausrollen und wie in Punkt 2) beschrieben ohne Fettzugabe zusammenfalten. Der Teig kann jetzt weiterverwendet werden.
5) Die Hälfte des Teigs zwischen zwei Frischhaltefolien in Größe der Auflaufform ausrollen und den Teig kalt stellen. Den restlichen Teig ausrollen und mit Förmchen kleine Figuren (Blümchen, Sterne) ausstechen. Ebenfalls kalt stellen.
6) Für die Füllung den Kürbis waschen, schälen und Kerne entfernen, Karotten waschen. Kürbis und Karotten in feine Scheiben schneiden. Beides zusammen in einem Topf mit der Butter, Orangensaft und Curry zugedeckt weich dünsten.
7) Backofen auf 220 °C vorheizen. Die Auflaufform mit viel Butter einfetten. Mit 1 EL Amarant ausstreuen und die Hälfte des Gemüses in einer Lage hineinlegen. Etwas Ingwer, geriebene Orangenschale, Salz, Pfeffer, Muskat und 2 EL Amarant darüberstreuen. Saure Sahne mit Semmelbröseln verrühren und die Hälfte davon darübergießen. Nun die zweite Hälfte des Gemüses darüberlegen und die letzten beiden Schritte wiederholen. Zum Abschluss Pinienkerne über die Gemüse-Sahne-Schichten streuen.
8) Den Blätterteig aus dem Kühlschrank nehmen, die Folie abziehen und den Teig auf die Gemüsemischung legen. Ein Luftloch im Deckel ausstechen. Die mit kaltem Wasser bepinselten kleinen Blätterteigfiguren als Verzierung auf die Teigschicht drücken.
9) Pastete im vorgeheizten Ofen 30 Minuten goldbraun backen und noch heiß servieren – zum Beispiel zusammen mit Kürbis-Spinat-Mousse (siehe Seite 168) und Salat.

Kürbis-Mangold-Pizza

Der italienische Auswanderer. Eigentlich ist die Pizza gar nicht in Italien entstanden, sondern in den Restaurants italienischer Auswanderer. Doch auch in Italien stört man sich nicht daran, Hauptsache sie schmeckt.

Für 4 Personen
Für 1 Backblech

Für den Joghurtquark-Öl-Teig:
400 g Joghurt für 200 g Joghurtquark
125 ml Olivenöl
90 ml Wasser
1 TL Meersalz
400 g Weizenvollkornmehl oder Dinkelvollkornmehl
1 TL Natron

Olivenöl für das Backblech

Für den Belag:
500 g Kürbis
750 g Mangold
Olivenöl
2 TL Schwarzkümmel
½ TL Asafoetida (kann entfallen)
1 EL frisch geriebener Ingwer
2 TL Kurkuma
eventuell 2 – 3 EL Wasser
200 g saure Sahne
2 TL Meersalz
¾ TL frisch gemahlener schwarzer Pfeffer
250 g Mozzarella
4 EL frisch gehacktes oder 2 TL getrocknetes Basilikum
1 TL Oregano

So wird's gemacht:

1) Für den Joghurtquark den Joghurt etwa 3 Stunden in einem Käsetuch (Baumwollwindel) abhängen, bis er sein Volumen um die Hälfte reduziert hat. Die abtropfende Molke dabei auffangen (falls Sie den Joghurtquark zu lange abgehangen haben, können Sie wieder etwas Molke unterrühren).
2) Für den Teig Joghurtquark mit Olivenöl, Wasser und Salz in einer Rührschüssel (mit dem Knethaken des Handrührgeräts) zu einer cremigen Masse rühren. Nach und nach Mehl hinzugeben. Natron unter das letzte Drittel des Mehles mischen und den Teig mit der Hand elastisch kneten.
3) Backofen auf 200 – 220 °C vorheizen. Backblech mit Olivenöl einfetten. Teigkugel erneut kurz auf der Arbeitsfläche kneten und ausrollen. Den Teigfladen dünn auf dem Blech ausbreiten und dabei einen niedrigen Rand bilden. Teigboden 15 Minuten vorbacken.
4) Kürbis waschen, schälen, entkernen und mit einer Gemüsereibe raspeln. Mangold waschen und in feine Streifen schneiden.
5) In einem großen Topf 3 – 4 EL Olivenöl erhitzen, Schwarzkümmel einige Sekunden anrösten, dann Asafoetida, Ingwer und Kurkuma hinzufügen und nach einigen weiteren Sekunden die Kürbisraspel und den Mangold hinzugeben. Alles gut umrühren, damit nichts anbrennt. Falls nötig, etwas Wasser dazugeben. Das Gemüse 10 – 12 Minuten zugedeckt köcheln lassen, bis es gar ist.
6) Saure Sahne, Salz und Pfeffer unter das gekochte Gemüse heben und den Belag auf dem vorgebackenen Teigboden verteilen. Mozzarella in Scheiben schneiden und auf der Pizza verteilen. Mit frisch gehacktem Basilikum und Oregano bestreuen und mit etwas Olivenöl beträufeln. Pizza 20 – 25 Minuten goldbraun backen.

Probieren Sie an Stelle des Mozzarellas auch einmal hausgemachten Frischkäse aus 2 l Milch (Anleitung siehe Seite 42). Kneten Sie vor dem Backen noch 1 EL Olivenöl unter den Frischkäse, dadurch wird er samtig weich und lässt sich besser auf der Pizza verteilen.

Kürbis-Kartoffel-Quiche

Denn das Gute liegt so nah. Frisches Gemüse mit knusprigem Teig und cremigem Mozzarella macht den Reiz dieser köstlichen Quiche aus. Noch einige ausgesuchte Gewürze dazu, und Sie brauchen sich nicht zu wundern, wenn von dieser Quiche niemals etwas übrig bleibt.

Für 4 Personen
Für eine Springform, 26 – 28 cm Durchmesser

Für den Mürbteig:
250 g Dinkelvollkornmehl oder Weizenvollkornmehl
125 g kalte Butter
2 EL kaltes Wasser
½ TL Meersalz
½ TL Natron
500 g Hülsenfrüchte zum Blindbacken

Olivenöl für die Springform

Für den Belag:
500 g Kartoffeln
500 g Kürbis
Olivenöl
1 TL Kümmel
¾ TL frisch geriebener Muskat
½ TL Asafoetida (kann entfallen)
125 g Mozzarella
60 g grüne Oliven (20 Stück)
½ TL getrockneter Rosmarin
frisch gemahlener schwarzer Pfeffer
Meersalz
4 EL Joghurt
etwas Oregano zum Bestreuen

So wird's gemacht:

1) Kartoffeln waschen und 200 g als Pellkartoffeln kochen. Die restlichen Kartoffeln schälen und raffeln.
2) Alle Zutaten für den Mürbteig rasch verkneten, zu einer Kugel formen und zugedeckt mindestens 30 Minuten kalt stellen.
3) Kürbis waschen, schälen, entkernen und raffeln.
4) Teigkugel zwischen zwei Frischhaltefolien ausrollen und eine gefettete Springform damit auskleiden. Dabei einen 3 cm hohen Rand bilden. Teigboden mit einer Gabel mehrmals einstechen und anschließend mit Pergamentpapier auslegen. Die Hülsenfrüchte bis zum Teigrand auffüllen und den Teigboden im Backofen bei 200 °C 15 Minuten vorbacken. Nun die Hülsenfrüchte aus der Teigform herausschütten – sie können anderweitig in der Küche verwendet werden – und das Pergamentpapier entfernen.
5) 2 – 3 EL Olivenöl in einer Pfanne erhitzen und Kümmel 30 Sekunden anrösten. Dann Muskat, eventuell Asafoetida und die rohen Kartoffelstifte hineingeben und 2 – 3 Minuten anbraten, bis sie leicht gebräunt sind. Dabei immer wieder umrühren, damit nichts anbrennt. Kürbis dazugeben und 8 – 10 Minuten unter häufigem Rühren anbraten.
6) Pellkartoffeln schälen und in dünne Scheiben schneiden. Mozzarella zur Hälfte in Scheiben und zur Hälfte in Würfel schneiden. Oliven halbieren.
7) Nun Oliven, Rosmarin, 1 TL Pfeffer, 1 ½ TL Salz, Joghurt und die Mozzarellawürfel unter die Füllung heben und auf dem vorgebackenen Teigboden verteilen. Die Quiche mit den Pellkartoffelscheiben dachziegelartig in Form eines Kranzes belegen und die Mitte sowie den äußeren Rand des Kranzes mit den Mozzarellascheiben verzieren. Mit etwas Salz, Pfeffer und Oregano bestreuen und mit Olivenöl beträufeln.
8) Die Quiche anschließend im Backofen bei 190 °C 35 Minuten goldbraun und knusprig backen.

Mit einer cremigen Suppe und einem Glas Buttermilch serviert, ist diese Quiche eine leckere und leichte Mahlzeit.

Lasagne nach Peking Art

Die Lasagne – ein Lieblingsgericht der Italiener – präsentiert sich hier mal chinesisch: Für die köstliche Note dieses Rezepts sind die verwendeten Bambusschösslinge aus der fernöstlichen Küche mitverantwortlich.

Für 4 – 6 Personen

16 Lasagne-Nudelplatten (ohne Vorkochen)
Olivenöl für die Auflaufform oder für das Backblech

Für die Gemüsefüllung:
600 g Zucchini
600 g Flaschenkürbis oder Kürbis nach Wahl
500 g rote Paprika
2 – 3 EL Olivenöl
1 ½ TL gemahlener Kreuzkümmel
1 ½ TL gemahlener Koriander
1 TL Kurkuma
2 EL frisch geriebener Ingwer
200 g Tofu
300 g Bambusschösslinge aus dem Glas
150 ml Gemüsebrühe oder Wasser
3 – 4 EL Sojasauce
1 TL edelsüßes Paprikapulver
1 TL Zitronenpfeffer oder frisch gemahlener schwarzer Pfeffer
50 g frisch gehacktes Basilikum
300 g saure Sahne oder 200 ml Sojadrink
1 TL Meersalz
150 g Mozzarella (kann entfallen)

Für die Kürbis-Rucola-Sauce:
500 g Kürbis (zum Beispiel die Riesenkürbis-Sorte Hokkaido)
etwas 200 ml Wasser
100 g Rucola
1 EL Kürbiskernöl oder Olivenöl
1 TL gemahlener Koriander
½ TL frisch geriebener Muskat
1 TL Zitronenpfeffer oder frisch gemahlener schwarzer Pfeffer
100 ml Sahne oder Sojadrink
50 g frisch gehacktes Basilikum
1 TL Meersalz

Außerdem:
50 g Mozzarella (kann entfallen)
etwas Oregano
etwas Olivenöl

So wird's gemacht:

1) Gemüse für die Gemüsefüllung waschen. Zucchini in dünne Streifen schneiden. Flaschenkürbis oder Kürbis schälen und ebenfalls in dünne Streifen schneiden. Paprika über einer Gasflamme rösten, bis die Schale rundherum schwarz und blättrig ist. Verwenden Sie zum Drehen eine Küchenzange. (Falls Sie keinen Gasherd besitzen, die Paprika im Backofen rösten.) Die schwarz geröstete Schale mit einem Messer abschaben, Paprika halbieren, entkernen und in kleine Würfel schneiden.

2) In einem großen Topf das Olivenöl erhitzen und Kreuzkümmel, Koriander, Kurkuma und Ingwer darin für wenige Sekunden anrösten. Gleich den Kürbis und nach 3 – 4 Minuten auch die Zucchini dazugeben. Tofu in Würfel und Bambusschösslinge in dünne Stifte schneiden und dazugeben. Mit der Gemüsebrühe und der Sojasauce aufgießen. Das Gemüse abgedeckt etwa 10 Minuten köcheln lassen, bis es weich ist. Paprikawürfel, Paprikapulver, Zitronenpfeffer, Basilikum, saure Sahne oder Sojadrink und Salz dazugeben. Topf von der Flamme nehmen. Eventuell den Mozzarella in Würfel schneiden.
3) In der Zwischenzeit die Kürbis-Rucola-Sauce zubereiten. Dazu Kürbis waschen, schälen, entkernen und in kleine Würfel schneiden. Mit dem Wasser etwa 10 Minuten weich kochen. Rucola waschen, trockenschütteln und sehr fein hacken. Kürbis pürieren oder durch ein feines Sieb streichen. Kürbiskernöl oder Olivenöl in einem Topf erhitzen, Koriander, Muskat, Pfeffer und Rucola darin kurz anrösten und anschließend Kürbispüree sowie Sahne oder Sojadrink dazugießen. Mit Basilikum und Salz abrunden und 1 – 2 Minuten aufkochen lassen.
4) Eine große Lasagne-Auflaufform oder ein Backblech mit hohem Rand einfetten. Backofen auf 225 °C vorheizen. Je nach Größe der Form etwa ein Viertel der Gemüsefüllung (mit viel Flüssigkeit) in der Form verteilen, eventuell mit einem Viertel des Mozzarellas und darüber 4 Lasagneplatten belegen. Abwechselnd jeweils ein Viertel der Gemüsefüllung, eventuell des Mozzarellas sowie der Nudelplatten hineingeben, bis alle Zutaten verteilt sind.
5) Die letzte Schicht Lasagneplatten mit der Kürbis-Rucola-Sauce bedecken. Eventuell noch 50 g in Scheiben geschnittenen Mozzarella darüberlegen, mit etwas Oregano bestreuen und mit Olivenöl beträufeln.
6) Lasagne mit Alufolie oder einem Deckel bedecken und im Backofen 45 – 50 Minuten backen, bis die Nudeln weich sind und gegebenenfalls die oberste Mozzarellaschicht goldbraun und knusprig ist.

Kürbis-Quark-Brötchen

Gewusst wie. Luftig und weich wie sie sind, passen diese Brötchen ideal zu einem Frühstück mit Marmelade und Honig, aber auch zu pikanten Gerichten wie Suppen und Salaten. Selbst pur – nur mit Butter – kann ihnen kaum jemand widerstehen. Und der Clou ist der selbst gemachte Joghurtquark.

Für 10 Brötchen

500 g Joghurt für 250 g selbst gemachten Joghurtquark oder 250 g Quark (ohne tierisches Lab)
250 ml Buttermilch
250 g Kürbis
500 g Dinkelvollkornmehl
1 TL Natron
1 TL Meersalz
1 TL gemahlener Kümmel
3 EL Kürbiskerne
1 EL Kürbiskerne zum Verzieren
Fett für das Backblech

So wird's gemacht:

1) Um den Joghurtquark herzustellen, einfach den Joghurt in ein Käsetuch (Baumwollwindel) geben, Tuch an den Ecken verknoten, aufhängen und 3 – 5 Stunden abhängen lassen. So kann die Molke abtropfen, bis sich das Gewicht des Joghurts um die Hälfte reduziert hat.
2) Joghurtquark oder Quark und Buttermilch in einer Schüssel verrühren. Kürbis waschen, schälen, entkernen und raspeln. Kürbisraspel mit zwei Dritteln des Dinkelmehls in den Quark geben. (Falls Sie eine Getreidemühle besitzen, können Sie den Kümmel gleich mit dem Dinkel fein mahlen.) Natron unter das letzte Drittel des Mehls mischen und alles zusammen mit Salz, Kümmel und Kürbiskernen zu einem feuchten Teig kneten. (Obwohl der Teig eine leicht klebrige Konsistenz haben sollte, damit die gebackenen Brötchen weich und luftig werden, kann die Mehlmenge je nach Feuchtigkeit des Kürbis etwas variieren.)
3) Backofen auf 200 °C vorheizen. Backblech einfetten, 10 Brötchen formen und auf das Blech legen. Brötchen mit Kürbiskernen verzieren und im Backofen 25 – 30 Minuten goldbraun backen.

Die leckersten Nebensachen der Welt – Beilagen und Snacks

Kürbis-Karotten-Frikadellen

Eine gute Partie! Ob zu Reis, Salat oder einem Dip, ob als Burger oder einfach als Snack – diese Frikadellen schmecken immer. Worauf also noch warten?

Für etwa 16 Frikadellen

400 g Kürbis
400 g Karotten
100 g Weißkohl
1 ½ – 2 TL Meersalz
1 ½ EL frisch geriebener Ingwer
2 – 3 TL Currypulver (je nach Schärfe des Currypulvers)
3 – 4 EL frisch gehackte Petersilie oder Kräuter nach Wahl
1 – 2 EL frisch gepresster Zitronensaft
etwa 200 g Kichererbsenmehl (je nach Feuchtigkeit des Kürbisses)
Fett zum Backen oder Frittieren

So wird's gemacht:

1) Gemüse waschen. Kürbis schälen und Kerne entfernen. Karotten, Kürbis und Kohl fein raspeln. Das Gemüse mit Salz, Ingwer, Gewürzen, Kräutern und Zitronensaft mischen und etwa 10 Minuten ziehen lassen.
2) Nun das Kichererbsenmehl über das Gemüse sieben und alles zu einem geschmeidigen Teig kneten. Die Frikadellen sollten nicht zu trocken, aber auch nicht zu feucht sein.
3) Zum Abschluss die Frikadellen in einer Pfanne mit heißem Pflanzenöl goldbraun braten oder in einem Topf mit heißem Fett frittieren.

Gemüsereis mit Kürbis

Gelb, grün, rot und orange. Bei diesem Reisgericht können Sie beliebig aus der bunten Farbenvielfalt der Natur schöpfen. Dabei dürfen natürlich auch die grünen Perlen, die Erbsen, nicht fehlen – übrigens schon eine Leibspeise unserer germanischen Ahnen.

Für 4 Personen

225 g Basmatireis
600 g Kürbis (vorzugsweise Flaschenkürbis)
50 g frische Erbsen (Nettogewicht)
150 g Spinat oder Wildkräuter
(zum Beispiel Brennnessel, Giersch, Gartenmelde)
2 Tomaten
2 EL Olivenöl oder Butter
1 TL Schwarzkümmel oder Kreuzkümmel
1 EL frisch geriebener Ingwer
2 TL Kurkuma oder Currypulver
500 ml Wasser
1 ½ TL frisch gemahlener schwarzer Pfeffer
1 TL Meersalz
Kräuter der Provence
frisch gepresster Zitronensaft und eventuell Olivenöl zum Beträufeln

So wird's gemacht:

1) Basmatireis waschen und in Wasser einweichen. In der Zwischenzeit (Flaschen-)Kürbis schälen, eventuell entkernen und in Würfel schneiden. (Die Kerne des Flaschenkürbisses sind weich und können mitgekocht werden. Sie erinnern geschmacklich an Sonnenblumenkerne.) Frische Erbsen schälen. Spinat oder Wildkräuter waschen und fein hacken, Tomaten waschen, halbieren und Stielansätze entfernen. Reis abtropfen lassen.
2) In einem Topf Olivenöl oder Butter erhitzen, Schwarzkümmel etwa 30 Sekunden anrösten, dann Ingwer und Kürbis dazugeben und 4 – 5 Minuten rösten. Reis und Kurkuma hinzugeben und anbraten, bis der Reis leicht glasig ist. Dabei immer wieder umrühren. Mit Wasser ablöschen. Spinat und Erbsen hinzufügen und umrühren. Tomatenhälften mit den Schnittflächen nach oben auf den Reis legen.

3) Gemüsereis zugedeckt auf mittlerer Flamme 12 – 15 Minuten kochen, bis Reis und Gemüse gar sind. Tomaten herausnehmen. Pfeffer und Salz unter den fertigen Reis heben. Tomaten schälen und die Tomatenhälften mit Kräutern der Provence bestreut als Dekoration über jede Portion Reis legen. Reis mit Zitronensaft und falls erwünscht mit etwas Olivenöl beträufeln.

Servieren Sie zu diesem Gericht grünen Spargelsalat mit Kürbis (siehe Seite 150) oder Kürbis-Raita (siehe Seite 149) und Sie haben ein leckeres und leichtes Mittagessen rund um den Kürbis.

Kürbis-Kartoffel-Kroketten mit Kokos

Mal so richtig schlemmen. Neben Kürbis und Kartoffeln hat auch die Kokosnuss viel zu bieten: Kohlenhydrate, Proteine, Vitamin E und Vitamine des B-Komplexes sowie Mineralien und wertvolle Spurenelemente. In diesem Rezept wird sie mit Tapioka, den weißen Stärkekügelchen aus der tropischen Maniokwurzel, kombiniert. Dieser wundervollen Kreation werden weder Ihre Gäste noch Sie selbst widerstehen können.

Für 45 Kroketten

500 g Kürbis
750 g Kartoffeln
125 ml Wasser
150 g Tapioka (siehe Tipp) oder Sago
150 g Kokosflocken
50 g Kartoffelmehl
1 TL frisch gemahlener schwarzer Pfeffer
¾ TL frisch geriebener Muskat
2 TL Meersalz
150 g Kokosflocken zum Wälzen
Sonnenblumenöl oder Butterschmalz

So wird's gemacht:
1) Kürbis und Kartoffeln waschen, schälen und den Kürbis entkernen. Jeweils in kleine Würfel schneiden und in einem Topf mit Wasser abgedeckt 10 – 15 Minuten weich kochen.
2) Kartoffel-Kürbis-Masse zu Brei zerstampfen, mit Tapioka oder Sago, Kokosflocken, Kartoffelmehl, Gewürzen und Salz mischen und zu Bällchen oder länglichen Kroketten formen.
3) Auf einen Teller 150 g Kokosflocken geben und die Bällchen oder Kroketten darin wälzen. In heißem Öl oder Butterschmalz goldbraun und knusprig frittieren.

Diese Kroketten oder Bällchen sind eine köstliche Beilage zu Gemüsegerichten, aber auch mit pikantem Tomatenchutney ein willkommener Snack. Tapioka, die sagoähnlichen Stärkekügelchen, werden aus der Maniokwurzel hergestellt. Sie bekommen sie in Naturkostläden und Reformhäusern.

Hirse mit Kürbis

Goldene Körner, die es in sich haben. Bei vielen Mineralien und Spurenelementen wie Eisen und Silicium ist die leckere und bekömmliche Hirse Spitzenklasse. Dazu kommen noch reichlich Lecithin, ungesättigte Fettsäuren, wichtige Eiweißbausteine und Vitamine der B-Gruppe. Hirse macht nicht nur schön, sondern auch kreativ und lustig.

Für 4 Personen

250 g Hirse
250 g Kürbis
40 g Rosinen
warmes Wasser zum Einweichen der Rosinen
½ TL Kurkuma
1 ½ TL frisch geriebener Ingwer
800 ml Wasser
90 g geröstete Kürbiskerne oder Sonnenblumenkerne
1 TL Meersalz
1 – 2 EL Olivenöl
eventuell etwas frisch gepresster Zitronensaft

So wird's gemacht:

1) Hirse waschen und – falls möglich – mindestens 1 Stunde in Wasser einweichen.
2) Kürbis waschen, schälen, entkernen und raspeln. Hirse noch einmal unter fließendem Wasser spülen und abtropfen lassen. Rosinen waschen und in warmem Wasser einweichen.
3) In einem Topf Hirse, Kürbisraspel, Kurkuma und Ingwer mit dem Wasser aufkochen lassen und etwa 20 Minuten bei mittlerer Hitze zugedeckt köcheln lassen. Nach 15 Minuten Kochzeit die Rosinen abtropfen lassen, über die Hirse geben (ohne umzurühren) und 5 weitere Minuten mitkochen. Dann die Hirse 15 – 20 Minuten auf der abgestellten Herdplatte quellen lassen, den Topf dabei stets geschlossen halten.

4) In der Zwischenzeit etwa 40 g Kürbiskerne in einer Pfanne ohne Fett rösten, bis sie leicht gebräunt und etwas aufgebläht sind.
5) Salz und Olivenöl mit der Gabel unter die Hirse heben. Eventuell mit etwas Zitronensaft beträufeln.
6) Die Hirse mit einem Eisportionierer zu schönen Kugeln formen und mit gerösteten Kürbiskernen bestreut servieren.

Hirse mit Kürbis ist eine ausgezeichnete Beilage zu Gemüsegerichten. Dieses Rezept lässt sich beliebig variieren, sei es mit nur einem Gewürz oder mit mehreren wie Ingwerpulver, schwarzem Pfeffer, Cayennepfeffer, Curry, schwarzen Senfkörnern, Kreuzkümmel oder Garam Masala. Oder aber Sie geben am Ende frische Petersilie, Basilikum oder Majoran dazu. Probieren Sie selbst!

Kürbis-Gnocchi in Salbeibutter

Pasta und Kürbis – warum nicht einmal beides zusammen! Kürbis-Gnocchi gehören zu den unzähligen Einfällen der Italiener, ihre Pasta abwechslungsreich zu gestalten. Bei einem original italienischen Rezept darf das besondere Aroma von frisch gehackten Salbeiblättern nicht fehlen!

Für 4 – 6 Personen

800 g Kürbis
Fett für die Auflaufform
etwa 400 g Dinkelvollkornmehl
2 TL Meersalz
1 TL frisch gemahlener weißer Pfeffer
½ TL frisch geriebener Muskat
4 EL Wasser
50 g geschmolzene Butter oder reine Pflanzenmargarine
2 – 3 EL frisch gehackter Salbei

So wird's gemacht:

1) Kürbis waschen, schälen, entkernen und in grobe Stücke schneiden. In einer gefetteten Auflaufform mit Deckel oder Alufolie abgedeckt im Backofen bei 220 – 250 °C etwa 1 Stunde backen, bis der Kürbis weich ist. Kürbis etwas abkühlen lassen und zu Mus pürieren oder mit einer Gabel zerdrücken.
2) Kürbismus in einer Schüssel mit dem Dinkelvollkornmehl, 1 TL Salz, Pfeffer und Muskat zu einem weichen Teig verkneten. Je nach Feuchtigkeit des Kürbisses kann die Mehlmenge etwas variieren. Kneten Sie jedoch nicht zu viel Mehl unter, da die Gnocchi sonst zu fest werden.

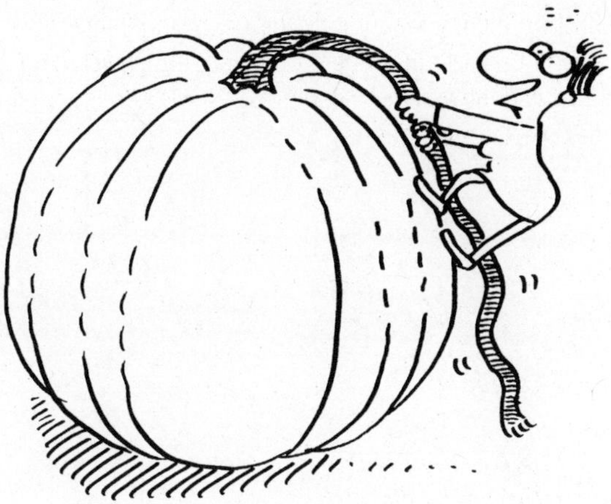

3) Einen großen Topf mit 4 l Wasser und 1 TL Salz zum Kochen bringen.
4) Eine Pfanne mit Butter oder Pflanzenmargarine und gehacktem Salbei auf kleiner Flamme vorwärmen. (Die gekochten Gnocchi kommen später zum Warmhalten in diese Pfanne.)
5) Den Teig mit den Händen oder zwei kleinen Löffeln zu Bällchen oder ovalen Gnocchi formen. Mit einer Gabel jeweils in der Mitte einkerben und in die typische Gnocchiform biegen. Gnocchi auf zwei große Teller oder ein Blech legen.
6) Sobald das Wasser im Topf kocht, jeweils ein Drittel der Gnocchi hineingeben. (Achten Sie darauf, dass das Wasser weiter sprudelnd kocht.) Wenn die Gnocchi zur Oberfläche aufgestiegen sind, noch 2 weitere Minuten kochen lassen. Anschließend mit einer Siebkelle aus dem Wasser holen, abtropfen lassen und zum Warmhalten in die warme Pfanne geben, bis alle Gnocchi gekocht sind.

Mit einer Sauce wie Kürbiskern-Rucola-Sauce (siehe Seite 161) und Salat serviert, sind Kürbis-Gnocchi unwiderstehlich. Ganz besonders lecker schmeckt dazu auch eine Kürbis-Orangen-Sauce (siehe Seite 164).

Kürbis-Pakoras

In aller Munde. Ob Party, Einladung oder Sommerfest, Kürbis-Pakoras – frittierte Kürbisschnitze im Teigmantel auf indische Art – sind immer eine willkommene und leckere Überraschung. Der besondere Clou liegt in den verwendeten Gewürzen, die nicht nur die Verdauung anregen, sondern auch, wie Koriander, den Durst stillen oder, wie Kurkuma, Energie verleihen.

Für 6 Personen

700 g Kürbis
250 g Kichererbsenmehl
½ – 1 TL Cayennepfeffer
2 TL gemahlener Koriander
2 TL Kurkuma
½ TL Asafoetida (kann entfallen)
½ TL frisch geriebener Muskat
3 EL Schwarzkümmel oder Sesam
2 TL Meersalz
300 – 350 ml Wasser
Sonnenblumenöl oder Butterschmalz

So wird's gemacht:

1) Kürbis waschen, schälen, entkernen und in längliche dünne Schnitze schneiden.
2) Kichererbsenmehl in eine Schüssel sieben und mit Gewürzen, Salz und Wasser zu einem flüssigen Teig verrühren (die Konsistenz sollte wie Pfannkuchenteig sein). Wenn der Teig nach einiger Zeit etwas zu dick geworden ist, noch ein wenig Wasser hinzufügen.
3) Nun die Schnitze in den Kichererbsenmehlteig tauchen und in heißem Öl oder Butterschmalz goldbraun frittieren. Anschließend abtropfen lassen und auf Küchenkrepp legen.

Zu den dampfend heißen Pakoras servieren Sie am besten einen Dip oder Tomatenchutney.

Gemüsepfannkuchen

Ob als Frühstück an einem hektischen Samstag oder als später Imbiss nach einem Kinobesuch mit Freunden. Wann immer Sie einen Stapel dieser kleinen, pikanten Pfannkuchen servieren, werden Ihre Gäste begeistert sein. Und das Beste kommt noch: Die Füllung ist bei diesen kleinen Pfannkuchen im Teig versteckt.

Für 12 kleine Pfannkuchen

200 g Kürbis
100 g Karotten
1 TL Meersalz
100 g Tomaten
1 frische grüne Chilischote
175 g Dinkelvollkornmehl
125 g Kichererbsenmehl
2 – 2 ½ TL Currypulver (je nach Sorte und Schärfe des Currypulvers)
3 EL Sesam
eventuell 1 TL schwarze Senfsamen
½ TL Meersalz
etwa 500 ml Wasser
3 – 4 EL frisch gehackte Korianderblätter oder Basilikum
Olivenöl zum Braten

So wird's gemacht:

1) Gemüse waschen. Kürbis schälen und entkernen. Karotte und Kürbis in eine Schüssel raspeln und mit Salz mischen. Die Haut der Tomaten mit einem scharfen Messer entfernen und die Tomaten in dünne Streifchen schneiden. Chili entkernen und klein schneiden.
2) Dinkelmehl und Kichererbsenmehl in einer Schüssel mit Curry, Sesam, Senfsamen, Salz und Wasser zu einem flüssigen Pfannkuchenteig verrühren. Gemüse und gehackte Kräuter dazugeben und etwa 10 Minuten ruhen lassen. Falls der Teig zu dickflüssig ist, noch etwas Wasser dazufügen.
3) In einer Pfanne mit Öl kleine Pfannkuchen ausbacken.

Wir empfehlen Ihnen zu diesen Pfannkuchen einen Kürbis-Sesam-Dip (siehe Seite 165) oder Kürbis-Raita (siehe Seite 149).

Kürbis-Kartoffel-Schnecken

Goldrichtig. Ob zu Party, Grillfest, Picknick oder auch zu einem mehrgängigen Menü – dieser leckere Snack passt immer. Hier verraten wir Ihnen drei verschiedene Zubereitungsarten: fettarm und gesund aus dem Backofen, in der Pfanne gebraten oder zum Schlemmen frittiert.

Für 28 Schnecken

Für den Teig:
500 g Dinkelvollkornmehl
3 EL geschmolzene Butter oder Olivenöl
250 ml warmes Wasser
2 EL frisch gepresster Zitronensaft
1 ½ TL Meersalz
1 TL Ingwerpulver
1 TL Kurkuma
1 TL Paprikapulver

Für die Kürbis-Kartoffel-Füllung:
500 g Kartoffeln
400 g Kürbis
2 – 3 EL Olivenöl
1 ½ TL Kreuzkümmel
1 ½ EL frisch geriebener Ingwer
2 TL gemahlener Koriander
1 TL Kurkuma
½ TL Asafoetida (kann entfallen)
125 ml Wasser
100 ml Sahne oder pflanzliche Sahne (siehe Seite 43)
1 ½ TL Meersalz
1 TL frisch gemahlener weißer Pfeffer
1 EL frisch gepresster Zitronensaft
4 – 5 EL frisch gehackter Dill

etwa 50 g Butter oder 3 EL Olivenöl zum Bestreichen
etwas frisch geriebener Muskat zum Bestreuen
Fett für das Backblech, zum Braten oder Frittieren

So wird's gemacht:

1) Kartoffeln waschen und als Pellkartoffeln kochen.
2) Alle Zutaten für den Teig in einer Schüssel mischen und kräftig zu einem elastischen Teig kneten. Teig zugedeckt ruhen lassen, während die Füllung zubereitet wird.
3) Kürbis waschen, schälen, Kerne entfernen und das Fruchtfleisch fein raspeln. In einem Topf das Olivenöl erhitzen und den Kreuzkümmel 30 Sekunden goldbraun rösten. Ingwer, Koriander, Kurkuma, eventuell Asafoetida und einige Sekunden später die Kürbisraspel dazugeben. Nach 4 – 5 Minuten mit Wasser und Sahne aufgießen und auf kleiner Flamme weitere 3 – 4 Minuten köcheln lassen.
4) In der Zwischenzeit die gekochten und abgekühlten Kartoffeln schälen und durch eine Kartoffelpresse oder mit einer Gabel zu Püree drücken. Kartoffelpüree, Salz, Pfeffer, Zitronensaft und Dill unter die Kürbisraspel rühren und abkühlen lassen.
5) Teig noch einmal kräftig durchkneten und zu einem Rechteck von etwa 30 × 60 cm Größe dünn ausrollen. Die Teigplatte mit geschmolzener Butter oder Öl bestreichen und die Füllung darüber verteilen. Die Füllung mit etwas Muskat bestreuen und die Teigplatte von der Längsseite her zu einer Rolle aufrollen. Mit einem scharfen Messer in 25 bis 28 Scheiben schneiden.
6) Die Schnecken je nach Wunsch zubereiten:
   Backen: Auf einem gefetteten Blech im Backofen bei 200 °C 25 – 30 Minuten goldbraun backen. Damit die Schnecken nicht zu trocken werden, vor dem Backen mit Öl oder Butter bestreichen.
   Braten: Mit etwas Öl goldbraun braten (nach 4 – 5 Minuten wenden).
   Frittieren: Schnecken in heißem Öl oder Butterschmalz 4 – 5 Minuten frittieren.

In ihrem Ursprungsland Indien serviert man die Kürbis-Kartoffel-Schnecken dampfend heiß zu einem Chutney, zum Beispiel zu frischem Korianderchutney oder Kokoschutney.

Gefüllte Kürbisblüten

Ouvertüre für Genießer. Die gelblichen Kürbisblüten in der Küche zu verwerten, dürfte hierzulande noch relativ neu sein. Das war jedoch nicht immer so. Noch in ganz normalen Kochbüchern des 19. Jahrhunderts fanden sich Rezepte für die Blüten verschiedenster Pflanzen. Auch für unsere Gesundheit sind diese Blütenköstlichkeiten zu empfehlen, unter anderem stärken sie das Abwehrsystem und bringen gute Laune.

Für 4 Personen

20 – 25 Kürbisblüten
Olivenöl zum Braten

Für den Teig:
1 – 2 EL Sesam
150 g Kichererbsenmehl
½ TL Paprikapulver
½ TL Kurkuma
½ TL gemahlener Koriander
¼ TL Asafoetida
¾ TL Meersalz
etwa 200 ml Wasser
4 Ringelblumen-Blüten

Für die Füllung:
125 g Ziegenfrischkäse, Doppelrahm-Frischkäse oder veganer Käse
4 Ringelblumen-Blüten
1 EL Olivenöl
3 EL frisch gehacktes Basilikum
1 EL frisch gehackter Majoran
1 EL frisch gehackter Thymian
1 Prise frisch geriebener Muskat
¾ TL frisch gemahlener schwarzer Pfeffer
½ TL Meersalz

So wird's gemacht:

1) Kürbisblüten vorsichtig waschen, abtropfen lassen und trockenschütteln.
2) Für den Teig Sesam in einer Pfanne ohne Fett goldbraun rösten.
3) Das Kichererbsenmehl in eine Schüssel sieben und mit den Gewürzen, Salz und Wasser zu einem pfannkuchenartigen Teig verrühren.
4) Ringelblumen waschen, trockenschütteln, die Blütenblätter abzupfen und zusammen mit dem Sesam in den Teig rühren.
5) Für die Füllung den Frischkäse oder den veganen Käse in eine Schüssel geben. Mit den abgezupften Ringelblumen-Blüten und den restlichen Zutaten für die Füllung vermischen.
6) Olivenöl in der Pfanne erhitzen. Jeweils 1 – 2 TL Füllung in eine Kürbisblüte geben. Blüten in den Teig tauchen, abtropfen lassen und goldbraun ausbacken. Die gebratenen Kürbisblüten auf einen Teller mit Küchenpapier legen, damit überschüssiges Fett aufgesogen wird. Warm servieren.

Wer einen Gartens hat oder freundliche Gartenbesitzer kennt, kann hier nach Herzenslust genießen. Sie können die Kürbisblüten durch Zucchiniblüten ersetzen. Dieser leckere Snack passt hervorragend zu einem Dip oder als Beilage zu gedünstetem Gemüse und duftendem Basmatireis.

Gefüllte Bittermelone

Der gesunde Exot. Bittermelonen – auch Karela genannt – zaubern eine zartbittere Geschmacksnuance auf unseren Esstisch. Und nicht nur das, sie regen den Appetit an, fördern die Verdauung, reinigen das Blut und helfen bei Übergewicht. Fragen Sie in indischen oder asiatischen Geschäften oder Gemüsegeschäften mit exotischer Auswahl nach Bittermelonen, sonst werden Sie vielleicht nie wissen, was Ihnen entgeht.

Für 4 – 8 Personen
Für Neulinge 1 – 1 ½ Stück, für Karela-Fans 3 Stück pro Person

12 Bittermelonen (Karelas, 400 – 500 g)
3,5 l Wasser
Meersalz

Für die Füllung:
100 g Basmatireis
Meersalz
200 ml Wasser
1 l Milch und frisch gepresster Saft einer Zitrone
für selbst gemachten Frischkäse
oder statt des selbst gemachten Frischkäses:
150 g Feta oder weicher Tofu
50 g Karotten
30 g Erdnüsse
1 – 2 EL Olivenöl
1 ½ TL gemahlener Koriander
1 TL Kurkuma
2 – 3 EL frisch gehackte Korianderblätter oder Petersilie
1 TL frisch gemahlener schwarzer Pfeffer

Außerdem:
Nähgarn zum Zusammenbinden
Sonnenblumenöl oder Butterschmalz zum Frittieren
frisch gepresster Zitronensaft zum Beträufeln

So wird's gemacht:

1) Bittermelonen waschen, die grüne Schale mit einem Sparschäler oder einem scharfen Messer abschälen und die kleinen Schalenstückchen auf einem Tuch in der Sonne oder vor der Heizung trocknen. (Weitere Verwendung siehe auch Geheimtipp Seite 37.)
2) Geschälte Bittermelonen der Länge nach aufschlitzen und mit einem Melonenlöffel oder einem Messer entkernen. Bittermelonen unter fließendem Wasser waschen und in einen Topf mit 2 l Wasser und 1½ TL Salz mindestens 30 Minuten (besser 1 Stunde) einlegen. Anschließend mit Wasser spülen.
3) In der Zwischenzeit für die Füllung den Basmatireis waschen und mit ½ TL Salz im Wasser 10 – 12 Minuten kochen. Frischkäse zubereiten (Anleitung siehe Seite 42) oder den Feta oder Tofu pürieren.
4) Bittermelonen in einem Topf mit 1,5 l Salzwasser 10 Minuten halb gar kochen. Karotten in sehr feine Stifte schneiden. Erdnüsse hacken und rösten.
5) Das Olivenöl in einem Topf erhitzen, Korianderpulver, Kurkuma und Karottenstifte 3 Minuten anrösten. Dann den in kleine Stücke zerbröselten Frischkäse oder den pürierten Tofu oder Feta hinzufügen und für einige weitere Minuten anbraten. Gekochten Reis, Erdnüsse, gehackten frischen Koriander, 1 TL Salz und Pfeffer unterheben und beiseite stellen. (Füllung zugedeckt warm halten, denn die restliche Füllung wird später dazu serviert.)
6) Bittermelonen aus dem Wasser nehmen, abwaschen und trockentupfen. In jede Bittermelone etwa 2 TL Reisfüllung geben, die Schnittstellen so zusammendrücken, dass keine Füllung mehr zu sehen ist und mit Nähgarn fünfmal bis sechsmal umwickeln.
7) In einem Topf oder einem Wok Öl oder Butterschmalz erhitzen und die Bittermelonen frittieren, bis sie goldbraun sind. Anschließend abtropfen lassen und auf ein Küchenpapier legen, damit das überschüssige Fett aufgesaugt wird. Nähgarn vorsichtig abwickeln.
8) Bittermelonen mit Zitronensaft beträufeln und zusammen mit der restlichen Füllung servieren.

Reichen Sie zu gefüllten Bittermelonen einen Dip oder Kürbis-Raita (siehe Seite 149). Lesen Sie auch den Geheimtipp auf Seite 37.

Knusprige Bittermelonen-Chips

Die kleinen Appetizer. Langsam, aber sicher wächst der Fanclub der kleinen, knusprigen und leicht scharfen Bittermelonen-Ringe auch bei uns. Denn Karelas, auch Chinesische Bittermelonen genannt, regen nicht nur den Appetit an, sondern unterstützen mit ihrer blutreinigenden Wirkung auch unser Immunsystem.

Für 4 Personen als Beilage

2 – 4 Bittermelonen (Karelas)
etwas Sonnenblumenöl oder Butterschmalz
etwa 1/4 TL Kurkuma
1 Prise Cayennepfeffer
etwa 1/4 TL Meersalz

So wird's gemacht:

1) Bittermelone waschen, der Länge nach aufschneiden und Kerne entfernen. Anschließend in dünne Ringe schneiden.
2) In einer Pfanne oder einem Topf mit etwas Sonnenblumenöl oder Butterschmalz knusprig braten und mit den Gewürzen nach Belieben vermengen.

Angebratene Bittermelonenringe sind vorzügliche Appetitanreger und schmecken köstlich zum Beispiel zu Basmatireis mit etwas Zitronensaft.

Kürbis-Kartoffel-Rösti

Kartoffeln gehören auf den Teller, nicht in den Keller. Und zwar so natürlich wie möglich, dann glänzen sie mit B-Vitaminen und Vitamin C, zahlreichen Mineralstoffen und Spurenelementen. Hier präsentieren sich unsere beiden Küchen-Allroundkünstler als Schweizer Rösti-Kreation.

Für etwa 12 kleine Rösti

550 g Kartoffeln
250 g Kürbis
2 EL Sonnenblumenkerne
1 – 2 TL Meersalz
1 Prise frisch geriebener Muskat
¼ TL frisch gemahlener schwarzer Pfeffer
2 TL Kräuter der Provence
Sonnenblumenöl oder Butterschmalz

So wird's gemacht:

1) 350 g Kartoffeln mit Schale waschen und halb gar kochen.
2) Kürbis und die restlichen 200 g Kartoffeln waschen, schälen und grob raspeln. Sonnenblumenkerne in einer Pfanne ohne Fett goldbraun rösten. Die halb gar gekochten Kartoffeln schälen und nach dem Abkühlen ebenfalls raspeln.
3) Gewürze, Kräuter und Sonnenblumenkerne unter die Kürbis-Kartoffel-Mischung geben und alles gut vermengen. Etwa 10 Minuten ziehen lassen.
4) In einer Pfanne mit heißem Sonnenblumenöl oder Butterschmalz aus der Masse etwa 12 kleine Rösti braten.

Zusammen mit einem Gemüsegericht oder Salat (wie Brokkoli-Kürbis-Artischocken-Salat, siehe Seite 152) erhalten Sie eine leckere und leichte Mahlzeit.

Frisch und munter –
Salate rund um den Kürbis

Kürbis-Raita

Wenn es schnell gehen soll – Kürbis-Raita macht's möglich. Und Gesundheit gibt's noch gratis dazu. Denn Joghurt besitzt bis auf den Milchzucker etwa die gleichen Inhaltsstoffe wie Milch – und natürlich die Milchsäurebakterien. Insbesondere diese sorgen dafür, dass Joghurt den Körper stärkt, Krankheitsbeschwerden lindern und das Leben verlängern kann.

Für 4 Personen

500 g Kürbis
1 ½ TL Kreuzkümmel
500 g Joghurt
½ TL frisch gemahlener schwarzer Pfeffer
eventuell 1 Prise Cayennepfeffer
1 TL Meersalz
¼ TL Mineralsalz (Black Salt oder Kala Namak, siehe Tipp)

So wird's gemacht:

1) Kürbis waschen, schälen, entkernen und in Würfel schneiden.
2) Kürbis in einem Topf 5 – 8 Minuten mit etwas Wasser dünsten, bis er gar ist.
3) Kreuzkümmel in einer Pfanne ohne Fett rösten. Joghurt mit den Kürbiswürfeln pürieren, Gewürze und Salz dazugeben und in kleinen Schüsselchen servieren.

Mit gerösteten und gehackten grünen Kürbiskernen bestreut, ist Raita nicht nur eine Freude für die Augen, sondern auch für den Gaumen. Servieren Sie Kürbis-Raita zu Reis und Gemüsegerichten oder zu Gemüsepfannkuchen (siehe Seite 139). Mineralsalz bekommen Sie im indischen Lebensmittelgeschäft oder Gewürzversand unter dem Namen Black Salt oder Kala Namak. In Nuancen ist es auch ideal zum Würzen von pikanten Gerichten, Brotaufstrichen und Quark.

Grüner Spargelsalat mit Kürbis

Mit allen Sinnen genießen. Dieses Rezept ist nicht nur für das Auge einladend, sondern auch verführerisch für den Gaumen und von unwiderstehlichem Duft. Genau das Richtige für Gourmets, die das Aroma milder Speisen schätzen.

Für 4 Personen

750 g grüner Spargel
300 g Kürbis (zum Beispiel die Gartenkürbis-Sorte Eichelkürbis oder die Riesenkürbis-Sorte Hokkaido oder Potimarron)
240 g Artischockenherzen aus dem Glas

Für das Dressing:
50 g Rucola
2 EL Kürbiskernöl
4 EL Olivenöl
3 – 4 EL frisch gepresster Zitronensaft
1 TL Meersalz
1 ½ TL Zitronenpfeffer oder frisch gemahlener schwarzer Pfeffer

So wird's gemacht:
1) Spargel waschen. Die holzigen Enden abschneiden, das unterste Drittel schälen und die Spargelstangen in 5 – 6 cm lange Stücke schneiden. In einem Topf mit etwas Wasser 8 – 10 Minuten kochen. Kürbis waschen, schälen, entkernen und in feine, streichholzartige Stiftchen raspeln. Artischockenherzen in Scheiben schneiden.
2) Rucola fein hacken. Alle Zutaten für das Dressing in einer kleinen Schüssel verrühren. Falls das Dressing zu dickflüssig wird, mit etwas Spargelwasser verrühren. (Das restliche Spargelwasser für Suppen verwenden.)
3) Kürbis mit dem Dressing vermischen und etwa 10 Minuten ziehen lassen. Kurz vor dem Servieren vorsichtig den Spargel und die Artischockenherzen unterheben.

Gurkensalat mit Flaschenkürbis

Für den schnellen Hunger. Der hellgrüne Flaschenkürbis, der die Form einer großen Zucchini hat, wird auch bei uns immer beliebter. Geerntet wird er, wenn er noch klein ist (15 – 20 cm lang). Dann ist er knackig fest, kernlos und besitzt eine zarte Haut, die man nicht schälen muss. Ist der Flaschenkürbis älter und länger (30 – 35 cm), müssen die etwas festere Schale und je nach Größe auch die Kerne entfernt werden. Geschmacklich ist Flaschenkürbis mindestens ebenso reizvoll wie Zucchini.

Für 4 Personen

400 g Salatgurke
300 g Flaschenkürbis
2 ½ TL Kreuzkümmel
1 TL frisch gemahlener schwarzer Pfeffer
500 – 600 g Joghurt
1 TL Meersalz
1 EL getrockneter Dill oder 3 EL frisch gehackter Dill

So wird's gemacht:
1) Gurke und Flaschenkürbis waschen, schälen und raspeln.
2) Kreuzkümmel trocken rösten und gemeinsam mit dem Pfeffer in einem Mörser grob zerstoßen oder in einer Kaffeemühle mahlen.
3) Joghurt, Gewürze und Dill unter das Gemüse rühren und servieren.

Dazu noch Kürbiskernbrötchen (siehe Seite 93) und Sie haben eine leckere Sommermahlzeit. Fragen Sie in indischen und türkischen Gemüsegeschäften nach Flaschenkürbis, der auch Louki genannt wird.

Brokkoli-Kürbis-Artischocken-Salat

Essbare Ufos. Ihrem Aussehen nach könnten die kleinen bunten Mini-Patissons 'Patty Pan' fast einem Science-Fiction-Film entstammen. Sie haben einen Durchmesser von 5 – 6 cm und schmecken gedämpft so lecker wie Artischockenherzen. Falls Sie keine Mini-Patissons bekommen können, tut es auch ein größeres Exemplar der Patissonfamilie.

Für 4 – 6 Personen

750 g Brokkoli
600 g Mini-Patisson Patty Pan
oder 1 – 2 kleine Patissonkürbisse (600 g Bruttogewicht)
Meersalz
240 g Artischockenherzen aus dem Glas
200 g Feta (kann entfallen)

Für das Zitronendressing:
3 – 4 EL frisch gepresster Zitronensaft
6 – 7 EL Olivenöl
½ – 1 TL Meersalz
½ TL frisch gemahlener schwarzer Pfeffer
1 – 2 EL frische Oreganoblätter
eventuell 1 EL hauchdünne Streifen von der Schale einer unbehandelten Zitrone

So wird's gemacht:
1) Brokkoli waschen und in kleine Röschen schneiden, den Stiel schälen und in kleine Stifte schneiden. Die Mini-Patissons waschen. Beide Gemüsearten getrennt in etwas Salzwasser in wenigen Minuten bissfest kochen. (Falls Sie nur etwas größere Patissons bekommen, diese im Ganzen kochen und dann in Stücke schneiden. Die Schale und die zarten Kerne können mitverzehrt werden.)
2) Artischocken aus dem Glas nehmen, abtropfen lassen und halbieren.
3) Für das Dressing Zitronensaft, Öl, Salz und Pfeffer in einer Tasse verrühren. Das Gemüse auf einer schönen, großen Platte anrichten. Falls erwünscht, Feta in dünne Streifen schneiden und dazugeben. Den Salat mit dem Dressing beträufeln und mit frischen Oreganoblättern und eventuell Zitronenschalenstreifchen bestreuen.

Zu diesem warmen Salat passt hervorragend Quinoa (gekocht wie Reis) oder auch ein Fladenbrot (zum Beispiel Focaccia mit Kürbis, siehe Seite 114). Mit einem Zestenmesser (in guten Haushaltsgeschäften erhältlich) können Sie von einer unbehandelten Zitrone hauchdünne Streifchen für eine schmackhafte Dekoration abschälen und über den Salat streuen.

Kürbis-Karotten-Salat

Die Auswahl an Salaten ist auch hierzulande unglaublich groß. Dieses Rezept ist ideal für die Wintermonate, wenn Vitamine und gesundes Chlorophyll Mangelware sind. Seinen besonderen Pfiff erhält dieser Salat durch die grünen Kürbiskernsprossen.

Für 4 Personen

3 – 4 EL grüne Kürbiskernsprossen
(aus 1 – 2 EL Kürbiskernen, 4 – 5 Tage gekeimt)
250 g Kürbis (zum Beispiel die Riesenkürbis-Sorte Hokkaido,
die Gartenkürbis-Sorte Eichelkürbis
oder die Moschuskürbis-Sorte Muskatkürbis)
250 g Karotten
200 – 250 g Äpfel

Für das Dressing:
2 EL frisch gepresster Zitronensaft
2 EL Walnussöl
2 – 3 EL Ahornsirup
1 TL frisch geriebener Ingwer
½ – ¾ TL Meersalz
1 TL frisch gemahlener schwarzer Pfeffer
4 EL frisch gehackter Dill

So wird's gemacht:
1) Kürbiskerne 4 – 5 Tage in der Keimbox oder in einem Einmachglas keimen lassen. Dazu die Kerne anfangs 8 Stunden in Wasser einweichen und später zweimal täglich mit frischem Wasser spülen.
2) Gemüse und Äpfel waschen. Kürbis schälen, entkernen und ebenso wie die Karotten in feine längliche Stifte raffeln. Äpfel schälen und fein reiben.
3) Alle Zutaten für das Dressing mischen und unter den Salat heben.
4) Anschließend mit den Kürbiskernsprossen bestreuen.

Sehr gut schmecken auch die Keimlinge aus Sonnenblumenkernen. Wichtig ist, dass sie ebenso wie die Kürbiskerne aus biologischem Anbau stammen. Sollten Sie keine Sprossen zur Hand haben, tun es auch geröstete und gehackte grüne Kürbiskerne oder Sonnenblumenkerne.

Eisberg-Kürbis-Salat mit Mais

Für die Augen und die Sinne. Vor allem der orangefarbene Hokkaido ist eine leckere Grundlage für allerlei Salate. Dieses Rezept ist nicht nur ein Fest für den Gaumen, sondern mit seiner Farbenvielfalt auch eines für die Augen.

Für 4 Personen

285 g Gemüsemais aus dem Glas oder 2 frische Maiskolben
½ Kopf Eisbergsalat
200 g Kürbis (zum Beispiel die Gartenkürbis-Sorte Eichelkürbis oder die Riesenkürbis-Sorte Hokkaido oder Potimarron)
4 EL frisch gehackter Dill
12 orangefarbene Blüten der Kapuzinerkresse (können entfallen)

Für das Dressing:
4 EL frisch gepresster Zitronensaft
6 EL Sonnenblumenöl
7 EL Joghurt oder 2 – 3 EL Mandelmus
¾ TL frisch gemahlener schwarzer Pfeffer
1 TL Meersalz

So wird's gemacht:
1) Falls Sie frischen Mais verwenden, diesen im Schnellkochtopf 10 – 15 Minuten garen und danach die Körner mit einem großen Messer abschaben.
2) Eisbergsalat waschen, abtropfen lassen und in dicke Streifen schneiden.
3) Kürbis waschen, entkernen, schälen und in längliche, streichholzlange, feine Stifte raffeln. Mais abtropfen lassen.
4) Die Zutaten für das Dressing mischen und das Gemüse darunterheben.
5) Mit frischem Dill bestreuen und eventuell mit den Blüten der Kapuzinerkresse verzieren.

Ein einfaches, schnelles und leckeres Rezept für Büfetts, Partys, Grillfeste und Picknicks.

Kürbis-Kartoffel-Salat

Kartoffelsalat einmal anders. Ob bei einem Picknick, einem Grillfest, einer Party oder einfach so, dieser saftige Salat ist immer eine beliebte Erfrischung. Und gesund obendrein, denn neben dem Kürbis strotzen auch Erbsen und Kartoffeln nur so vor Vitaminen und Mineralstoffen.

Für 4 Personen

100 g gepresster selbst gemachter Frischkäse aus 1 l Milch oder Tofu oder Feta (kann entfallen)
500 g Kartoffeln
700 g Kürbis
150 g frische Erbsen (Nettogewicht)
1 Salatgurke
etwas Gemüsekochwasser oder Buttermilch

Für die Salatsauce:
6 EL Olivenöl
4 – 5 EL frisch gepresster Zitronensaft
100 g Buttermilch oder Joghurt
1 ½ EL frisch geriebener Ingwer
2 TL frisch gemahlener schwarzer Pfeffer
1 ½ TL Meersalz
4 – 5 EL frisch gehackte Kräuter (zum Beispiel Basilikum, Petersilie, Dill)

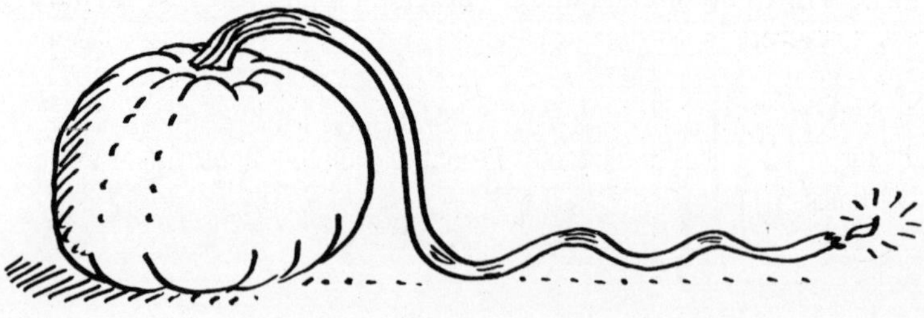

So wird's gemacht:

1) Gepressten Frischkäse herstellen (Anleitung siehe Seite 42) und in kleine Würfel schneiden. (Falls Sie Tofuwürfel verwenden möchten, braten Sie diese in etwas Öl mit verdauungsanregenden Gewürzen, wie einer Currymischung, an.)
2) Kartoffeln waschen und mit Schale gar kochen. Kürbis waschen, schälen, entkernen und in dünne Streifen schneiden. Kürbisstreifen mit etwas Wasser in einem zweiten Topf nur wenige Minuten dünsten, bis sie weich sind. In der Zwischenzeit Erbsen schälen, waschen und in einem dritten Topf in etwas Wasser 5 – 8 Minuten dünsten, bis sie gar sind.
3) Gar gekochte Kürbisstreifen und Erbsen in einem Sieb abtropfen lassen (Kochwasser aufheben). Gurke waschen, schälen und in dünne Scheiben schneiden.
4) Alle Zutaten für die Salatsauce in einer großen Schüssel verrühren und mit Gurkenscheiben, Kürbisstreifen und Erbsen mischen.
5) Kartoffeln schälen, in dünne Scheiben schneiden und mit den Frischkäsewürfeln, Fetawürfeln oder Tofuwürfeln unter den Salat heben. Den fertigen Salat etwa 20 Minuten ziehen lassen. Vor dem Servieren eventuell noch etwas Gemüsekochwasser oder Buttermilch zugeben, falls der Salat zu viel Flüssigkeit aufgesogen hat.

An Stelle der frischen Erbsen machen sich auch Oliven gut.

Bunter Nudelsalat mit Kürbis

Nach Lust und Laune. Ihrer Fantasie sind bei der Zusammenstellung von Salaten keine Grenzen gesetzt. Diesem Salatdressing geben gemahlene schwarze Senfsamen den letzten Pfiff – ideal für ein Salatbüfett, Picknick, Grillfest, eine Radtour oder fürs Büro.

Für 6 Personen

400 g Dinkelvollkornnudeln
Meersalz
500 g Kürbis
200 g Blumenkohl
250 g grüne Bohnen
250 g Karotten
2 EL Olivenöl
1 ½ EL frisch geriebener Ingwer
1 TL Kurkuma
½ TL Asafoetida (kann entfallen)
75 ml Wasser

Für das Salatdressing:
2 ½ TL schwarze Senfsamen
50 g grüne Oliven
200 g Joghurt oder Sojajoghurt (kann entfallen)
4 – 5 EL Olivenöl
3 – 4 EL frisch gepresster Zitronensaft
2 TL frisch gemahlener schwarzer Pfeffer
1 ½ – 2 TL Meersalz
4 – 5 EL frisch gehacktes Basilikum oder Kräuter nach Wahl
eventuell etwas Gemüsekochwasser

So wird's gemacht:

1) Nudeln in Salzwasser nach Packungshinweis gar kochen. Gekochte Nudeln mit reichlich kaltem Wasser spülen und abtropfen lassen.
2) Kürbis waschen, schälen, entkernen und in dünne Streifen schneiden. In einem Topf mit etwas Wasser 4 – 5 Minuten kochen und abtropfen lassen (das Kochwasser für die Salatsauce aufheben). In der Zwischenzeit Blumenkohl waschen, in kleine Röschen schneiden, ebenfalls in etwas Wasser dünsten und abtropfen lassen (auch hier das Wasser aufheben).

3) Bohnen und Karotten waschen. Die Stielenden der grünen Bohnen entfernen und die Bohnen schräg in 2 cm lange Stückchen schneiden. Karotten in dünne Stifte schneiden.
4) Olivenöl in einer Pfanne erhitzen, zuerst Ingwer, Kurkuma und eventuell Asafoetida einige Sekunden und anschließend die Bohnen 3 – 4 weitere Minuten anrösten. Karottenstifte zugeben und nochmals 3 – 4 Minuten anbraten. Mit dem Wasser aufgießen und zugedeckt köcheln lassen, bis das Gemüse gar ist.
5) Für das Dressing die schwarzen Senfsamen in einem Mörser oder einer Kaffeemühle fein mahlen. Die Oliven halbieren. Bis auf das Gemüsekochwasser alle Zutaten für das Salatdressing in einer großen Schüssel mischen.
6) Nun die Nudeln und die Karotten-Bohnen-Mischung hinzugeben und mit dem Dressing vermengen. Zum Schluss die Kürbisstreifen und Blumenkohlröschen unterheben und, falls der Salat zu trocken ist, ausreichend Gemüsekochwasser hinzufügen.

Kürbis mit Pep –
Saucen, Dips und Partyhits

Kürbiskern-Rucola-Sauce

Für jeden Geschmack ist diese milde und köstliche Sauce zu empfehlen. Sei es zu Spaghetti, Kürbis-Gnocchi, Ravioli mit Kürbisfüllung oder zu Rösti, diese Kürbiskern-Rucola-Sauce wird überall begeisterte Fans finden.

Für 4 Personen

100 g grüne Kürbiskerne
50 g Rucola
2 EL Butter oder Sonnenblumenöl
1 EL Dinkelvollkornmehl oder Weizenvollkornmehl
1 ½ EL frischer geriebener Ingwer
½ TL frisch geriebener Muskat
¾ TL frisch gemahlener schwarzer Pfeffer
200 ml Wasser oder Gemüsebrühe
200 ml Sahne oder pflanzliche Sahne (siehe Seite 43)
1 TL Meersalz

So wird's gemacht:

1) Kürbiskerne fein mahlen. Rucola waschen, trockenschütteln und fein hacken oder in einer Küchenmaschine pürieren.
2) In einem Topf Butter oder Öl erhitzen und das Vollkornmehl goldbraun rösten. Nach 1 – 2 Minuten Ingwer, Muskat und Pfeffer und nach 1 weiteren Minute die gemahlenen Kürbiskerne hinzugeben. Alles gut umrühren. Wenn die Kürbiskerne einen angenehmen Duft verströmen, mit Wasser oder Gemüsebrühe und Sahne aufgießen, aufkochen lassen und Rucola und das Salz unterrühren. Sauce auf kleiner Flamme 3 – 4 Minuten köcheln lassen.

Pikante Kürbissauce

Gewusst wie! Die Zusammenstellung bestimmter Kräuter und Gewürze ist es, die dieser Sauce ihren typischen pikant-aromatischen Geschmack verleiht. Nudeln, Reis, Polenta, Hirse oder Rösti dazu, und die Kürbissauce ist perfekt.

Für 4 Personen

450 g Kürbis
250 g Paprika
250 g Auberginen
1 – 2 EL Olivenöl
1 TL Kreuzkümmel
1 ½ EL frisch geriebener Ingwer
½ TL Asafoetida (kann entfallen)
1 TL Kurkuma oder Currypulver
heißes Wasser
1 EL Kräuter der Provence
1 TL Meersalz
1 TL frisch gemahlener schwarzer Pfeffer
3 EL frisch gepresster Zitronensaft

So wird's gemacht:
1) Kürbis waschen, schälen, entkernen und in kleine Würfel schneiden. In einem Topf mit etwas Wasser zugedeckt etwa 8 Minuten gar kochen.
2) Paprika und Aubergine waschen und trockenreiben. Das Gemüse mit einer Küchenzange über einer offenen Gasflamme schwarz rösten. Es kann auch auf einem Gitter über einer Gasflamme oder einer Elektroplatte oder im Backofen bei 220 °C (auf Grilleinstellung) geröstet und dabei mehrmals gewendet werden, bis alle Seiten schwarz und blättrig sind.
3) Wenn das Gemüse etwas abgekühlt ist, die schwarze Haut und auch die Paprikakerne mit einem Messer entfernen. Aubergine und Paprika in etwa 0,5 cm große Würfel schneiden.
4) Den gekochten Kürbis im Kochwasser pürieren.

5) Olivenöl in einem Topf erhitzen und Kreuzkümmel darin etwa 1 Minute goldbraun rösten. Dann Ingwer, eventuell Asafoetida und nach einigen Sekunden die Auberginen- und Paprikawürfel sowie Kurkuma hinzugeben und anrösten. Nach 3 – 4 Minuten das Kürbispüree und so viel heißes Wasser hinzufügen, bis die Sauce die gewünschte flüssige Konsistenz bekommt. Kräuter der Provence dazugeben und 4 – 5 Minuten auf kleiner Flamme köcheln lassen. Mit Salz, Pfeffer und Zitronensaft abrunden und servieren.

Wer die feine Küche liebt, kann diese Sauce auch einmal mit saurer Sahne oder Tomatenpüree verfeinern. Frisches Basilikum an Stelle der getrockneten Kräuter ist ebenfalls eine aromatisch würzige Variation.

Frische Pfefferminz-Kürbis-Sauce

Die Sommerfrische. In der warmen Jahreszeit ist diese leicht kühlende Sauce wohltuend erfrischend. Ein idealer Dip für gegrilltes Gemüse, Fladenbrot oder zu Salat.

Für 4 Personen

500 g Kürbis
50 g frische Pfefferminzblätter
250 g Joghurt
1 – 2 EL frisch geriebener Ingwer
¾ TL frisch gemahlener schwarzer Pfeffer
¾ TL Meersalz

So wird's gemacht:
1) Kürbis waschen, entkernen, schälen, anschließend würfeln und in etwas Wasser dünsten.
2) Pfefferminzblätter waschen und trockenschütteln. Zusammen mit den restlichen Zutaten in einem Mixer zu einer cremigen Sauce pürieren.

Diese frische Sauce können Sie aus jeder beliebigen Kürbissorte zaubern. Und wer möchte, kann an Stelle der Pfefferminze auch gerne andere frische Kräuter probieren, zum Beispiel Basilikum, Korianderblätter oder Dill.

Kürbis-Orangen-Sauce

Hätten Sie's gewusst? Das Wort »Orange« kommt aus der indischen Sprache Hindi. Die exotischen Südfrüchte baute man zuerst in Indien, China und Japan an.

Für 4 Personen

300 g Kürbis
frisch gepresster Saft mit Fruchtfleisch von 3 Orangen (etwa 350 ml)
2 gehäufte EL Reismehl oder Maisstärke
1 EL Walnussöl oder Olivenöl
2 Stück Sternanis
1 gehäufter EL frisch geriebener Ingwer oder ¼ TL Ingwerpulver
¼ TL Kurkuma
½ TL Zimtpulver
¼ TL frisch geriebener Muskat
1 – 2 EL Ahornsirup oder Vollrohrzucker
½ TL frisch gemahlener schwarzer Pfeffer
½ TL Meersalz
100 ml Wasser (nach Belieben mehr)
3 – 4 EL frisch gehacktes Basilikum

So wird's gemacht:

1) Kürbis schälen, entkernen, in kleine Würfel schneiden und mit etwas Wasser zugedeckt 10 – 15 Minuten kochen, bis er weich ist. Kürbis durch ein feines Sieb streichen oder zu Mus pürieren.
2) Saft und Orangenfruchtfleisch mit Reismehl oder Maisstärke verrühren.
3) In einem kleinen Topf Walnussöl oder Olivenöl erhitzen und Sternanis für einige Sekunden darin rösten. Sogleich Ingwer, Kurkuma, Zimt und Muskat dazugeben und nach einigen weiteren Sekunden mit Kürbispüree und Orangensaft auffüllen. Ahornsirup oder Vollrohrzucker, Pfeffer, Salz und nach Belieben Wasser dazugeben. Einmal kurz aufkochen lassen und mit frischem Basilikum bestreuen. Vor dem Servieren Sternanis entfernen.

Diese Kürbis-Orangen-Sauce passt sehr gut zu Gemüsespießen mit Kürbis, Kürbis-Gnocchi, Kürbis-Kartoffel-Rösti oder Hirse mit Kürbis.

Kürbis-Sesam-Dip

Der Verwandlungskünstler. Kürbis-Sesam-Dip passt und schmeckt einfach immer. Egal, ob kalt zu Kürbis-Kartoffel-Schnecken, Fladenbrot oder Pakoras (frittiertem Gemüse im Teigmantel) oder warm als Sauce zu Nudeln, Reis oder Bratlingen. Das Geheimnis seines Aromas liegt im Tahin, einem Mus aus Sesamsamen.

Für 4 Personen

500 g Kürbis
100 – 150 ml Wasser
4 EL Tahin (Sesammus)
2 EL frisch gepresster Zitronensaft
½ TL Asafoetida (kann entfallen)
1 TL frisch gemahlener schwarzer Pfeffer
1 TL Meersalz
3 – 4 EL frisch gehackte Korianderblätter oder Basilikum

So wird's gemacht:

1) Kürbis waschen, schälen, entkernen und würfeln. Mit Wasser etwa 10 Minuten gar kochen. Dann mit dem Pürierstab pürieren oder durch ein feines Sieb streichen.
2) Mit den restlichen Zutaten verrühren und nach Belieben warm oder kalt servieren.

Geben Sie diesem Dip auch einmal gehackte Oliven, in Olivenöl eingelegte Kapern oder geröstete, gehackte Sonnenblumenkerne bei. Je nach Vorliebe können Sie zusätzlich noch mit etwas Cayennepfeffer oder Currypulver würzen.

Kürbiskern-Kräuter-Butter

Die Würze unseres Lebens. Kräuter gehören zu den wertvollsten Gaben, die die Natur für uns bereithält. Sie können Erschöpfte wieder frisch, Traurige wieder heiter und Kranke wieder gesund machen. Mit seinen ätherischen Ölen macht jedes Küchenkraut unsere Speisen nicht nur bekömmlicher, sondern verleiht ihnen auch seinen typischen Geschmack.

Für 6 – 8 Personen

50 g grüne Kürbiskerne
50 – 75 g frisches Basilikum
1 Kästchen Gartenkresse
50 g Rucola
250 g weiche Butter oder reine Pflanzenmargarine
1 ½ EL frisch geriebener Ingwer
1 – 2 TL frisch gepresster Zitronensaft
1 TL Meersalz
½ – ¾ TL frisch gemahlener schwarzer Pfeffer

So wird's gemacht:
1) Kürbiskerne in einer Pfanne trocken rösten und fein mahlen.
2) Kräuter und Rucola waschen, trockenschütteln, fein hacken und gemeinsam mit den restlichen Zutaten zu einer cremigen Masse mischen.
3) Kräuterbutter vor dem Servieren kalt stellen.

Kräuterbutter zu einer Rolle formen, in Frischhaltefolie wickeln und die Oberfläche glatt streichen. Anschließend kalt stellen oder kurz einfrieren. Zum Servieren in dünne Scheiben schneiden. Diese Kräuterbutter passt gut zu ofenfrischem Kürbis-Fladenbrot (Focaccia, siehe Seite 114) oder zu gegrilltem oder gebackenem Kürbis.

Kürbiskernpesto

Kürbiskerne, Basilikum und Olivenöl. Viel mehr brauchen Sie nicht, um Pesto, die grüne Kräuterpaste aus Italien, zuzubereiten. Pesto passt hervorragend zu Nudeln aller Art, aber auch als kleiner Dip zu Reis, Hirse oder Vollkorn-Khichari, einem Reis-, Dal- und Gemüsegericht.

Für 6 – 8 Personen

50 g grüne Kürbiskerne
100 g frisches Basilikum
50 g Rucola
50 – 100 g Parmesan
8 – 10 EL Olivenöl
½ – 1 TL frisch gemahlener schwarzer Pfeffer
1 TL Meersalz

So wird's gemacht:

1) Kürbiskerne in einer Pfanne trocken rösten und abkühlen lassen.
2) Basilikum und Rucola waschen und trockenschütteln.
3) Alle Zutaten in einen Mixer geben und zu einer Paste mahlen.
4) Gekühlt und in einem Schraubglas aufbewahrt, hält sich dieses Pesto 1 – 2 Wochen.

Kürbis-Spinat-Mousse

Der Favorit. Keiner Ihrer Gäste und am wenigsten Sie selbst werden widerstehen können, wenn Sie diese halbgefrorene Mousse zu einer Eiskugel geformt auf einer Scheibe Vollkornbrot oder Toast servieren. Noch ein Salat und ein Dip dazu – und guten Appetit!

Für 4 – 6 Personen

Für die Kürbismousse:
500 g Kürbis
1 gestrichener TL Agar-Agar-Pulver
50 ml Apfelsaft
250 ml Sahne
1 TL Meersalz
¾ TL frisch gemahlener schwarzer Pfeffer
½ – ¾ TL frisch geriebener Muskat

Für die Spinatmousse:
500 g frischer Spinat
1 gestrichener TL Agar-Agar-Pulver
50 ml Apfelsaft
1 TL Meersalz
¾ TL frisch gemahlener schwarzer Pfeffer
1 TL gemahlener Koriander
250 ml Sahne

So wird's gemacht:
1) Für die Kürbismousse den Kürbis waschen, schälen, entkernen, in kleine Würfel schneiden und mit etwas Wasser etwa 15 Minuten weich kochen. Anschließend pürieren oder durch ein feines Sieb streichen. Nur so viel Kürbiskochwasser wie nötig hinzufügen, um eine cremige Konsistenz zu erreichen.
2) Agar-Agar mit dem Apfelsaft in einem Topf verrühren und mit dem Kürbispüree 2 – 3 Minuten aufkochen lassen. Sahne, Salz, Pfeffer und Muskat dazugeben. Die Masse in eine mit kaltem Wasser ausgespülte Kastenform oder Glasschüssel füllen und einige Stunden im Gefrierfach kalt stellen, bis die Mousse fest, jedoch nicht tiefgefroren ist.

3) In der Zwischenzeit für die Spinatmousse den Spinat waschen, Stiele entfernen, die Blätter hacken und in etwas Wasser dünsten, bis sie zusammengefallen sind. Spinat zu einer cremigen Masse pürieren (eventuell etwas Spinatkochwasser hinzufügen). Agar-Agar mit dem Apfelsaft in einem Topf verrühren und 2 – 3 Minuten aufkochen lassen. Anschließend mit Spinatpüree, Salz, Gewürzen und Sahne verrühren.
4) Spinatmasse vorsichtig auf die halbfeste Kürbismasse gießen und wieder ins Gefrierfach geben. Wenn die Mousse nach wenigen Stunden halbgefroren ist, in Scheiben schneiden und auf frisch getoastetem Brot mit Salat servieren.

Füllen Sie die beiden Massen auch einmal in zwei separate Schalen, aus denen Sie mit einem Eisportionierer schöne Kugeln formen.

Dessert gefällig – Süßes mit Kürbis

Kürbis-Mango-Mousse

Kann denn Süßes Sünde sein? Mit dieser Mousse erobern Sie die Herzen Ihrer Gäste und Ihrer Familie im Handumdrehen. Reichen Sie noch etwas Gebäck, wie Kürbis-Nussecken (siehe Seite 194), zu den leicht gefrorenen Mousse-Eiskugeln, und das Schlemmererlebnis ist perfekt.

Für 8 Personen

250 g Kürbispüree für Desserts (siehe Seite 187)
250 g Mangopulp (siehe Tipp)
100 ml Apfelsaft
1 gestrichener TL Agar-Agar-Pulver
¼ TL gemahlener Kardamom

So wird's gemacht:

1) Kürbispüree für Desserts herstellen (siehe Seite 187).
2) Mangopulp mit dem Kürbispüree verrühren.
3) Apfelsaft mit Agar-Agar in einem Topf verrühren und 2 – 3 Minuten kochen. Dann die Kürbis-Mango-Masse hinzufügen und noch einmal kurz aufkochen lassen. Kardamom hinzugeben, die Masse in eine mit kaltem Wasser ausgespülte Glasschüssel füllen und für einige Stunden ins Gefrierfach stellen.

Servieren Sie die halbgefrorene Mousse mit dem Eisportionierer zu einem Stück Gebäck, zu Schlagsahne oder heißer Fruchtsauce.
Mangopulp bekommen Sie in indischen, asiatischen oder persischen Lebensmittelläden oder beim Gewürzversand (siehe Seite 211).

Nougat-Kürbis-Eis

Energie pur. Haselnüsse sind beliebte Kraftpakete aus dem Nussparadies. Sie enthalten nicht nur Enzyme, Mineralien und Vitamine, sondern auch jede Menge ungesättigte Fettsäuren. Damit sind Haselnüsse ideal für Gehirn und Nerven, aber auch für Haut, Gefäße und Muskulatur. So lecker und gesund kann Eiscreme sein.

Für 8 Personen

400 g Butternusskürbis
(oder eine andere Moschuskürbis-Sorte oder eine Riesenkürbis-Sorte)
1 EL Butter
200 g geröstete und gemahlene Haselnüsse
100 ml Ahornsirup
200 ml Milch
1 gestrichener TL Agar-Agar-Pulver
400 g Vollrohrzucker oder Roh-Rohrzucker
1 TL gemahlene Bourbonvanille
500 ml Sahne

So wird's gemacht:

1) Butternusskürbis der Länge nach halbieren, entkernen und mit Butter bestreichen. Kürbis im Backofen bei 200 °C 30 – 40 Minuten backen, bis das Fruchtfleisch weich ist.
2) In der Zwischenzeit die gerösteten und gemahlenen Nüsse in einer großen Schüssel mit Ahornsirup mischen. 100 ml kalte Milch mit Agar-Agar in einer Tasse verrühren und die restlichen 100 ml in einem kleinen Topf erhitzen. Sobald die Milch kocht, die kalte Agar-Agar-Milch hinzufügen und unter ständigem Rühren 2 – 3 Minuten kochen. Anschließend den Topf von der Flamme nehmen und Zucker und Vanille hineinrühren.
3) Das Fruchtfleisch mit einem Löffel aus dem Kürbis schaben und durch ein feines Sieb streichen oder pürieren. Dieses Kürbispüree gemeinsam mit der Agar-Agar-Milch und der Sahne unter das Nussmus rühren. Anschließend die Masse in ein oder mehrere geeignete Gefäße füllen und tiefkühlen.
4) Eismasse nach etwa 2 Stunden umrühren, um die Eiskristalle zu brechen. Nach 4 – 6 weiteren Stunden können Sie dieses Eis servieren.

Haselnüsse rösten

Haselnüsse auf einem Blech im Backofen bei 200 °C 10 Minuten rösten, bis die Häutchen aufspringen. Abgekühlt lassen sich die Häutchen sehr leicht abreiben und die Nüsse dann fein mahlen. Am praktischsten ist es, das Blech mit den Nüssen beim Backen des Kürbisses einfach mit einzuschieben oder die Nachhitze zu nutzen.

Kürbis-Melonen-Eis

Fruchtig frisch. Nach langen Sommertagen verschaffen Sie sich mit diesem Eis eine köstliche und willkommene Abkühlung. Dafür sorgen gleich zwei Vertreter aus der Kürbisfamilie vor allem mit ihrem hohen Wassergehalt und Mineralstoffgehalt, nämlich Kürbis und Honigmelone. Und natürlich auch der Saft der Ananas, der nicht nur den Durst stillt, sondern auch Energie spendet.

Für 4 – 6 Personen

250 g Kürbis (ideal: Melonenkürbis (Jaspée de Vendée)
oder die Moschuskürbis-Sorte Muskatkürbis)
500 g Honigmelone (Nettogewicht)
500 ml Ananassaft
2 gestrichene TL Agar-Agar-Pulver
125 – 150 g Roh-Rohrzucker
1 TL gemahlene Bourbonvanille

So wird's gemacht:

1) Kürbis waschen, schälen, entkernen, in Würfel schneiden und in einem Topf mit Dämpfeinsatz dämpfen.
2) Gedämpften Kürbis durch ein feines Sieb streichen. Honigmelone pürieren oder durch ein Sieb streichen.
3) Ananassaft in einem Topf mit dem Agar-Agar verrühren. Roh-Rohrzucker und Vanille darin auflösen und 2 – 3 Minuten kochen lassen. Nun Kürbispüree und Melonenpüree dazugeben.
4) Das Fruchtgelee in eine Schüssel füllen und etwa 6 Stunden im Gefrierfach kalt stellen. Das Gelee wird erst beim Erkalten fest.

Füllen Sie das zu Eiskugeln geformte Kürbiseis in schöne Glasschälchen und dekorieren Sie es mit frischen Mangostückchen und eventuell Schlagsahne.

Kürbis-Puddingcreme

Geschätzt von Generationen. Khir, so nennt man in den meisten Teilen Indiens dieses puddingartige Dessert aus heruntergekochter Milch. Noch immer gibt es in Indien viele traditionsbewusste Tempel, in denen man Khir-Rezepte nach jahrtausendealten Sanskrit-Überlieferungen zubereitet.

Für 4 – 6 Personen

4 Safranfäden
1 l Milch
700 g Kürbis (zum Beispiel die Moschuskürbis-Sorte Muskatkürbis oder die Riesenkürbis-Sorte Hokkaido oder Potimarron)
25 – 30 g Butter
200 – 250 g Roh-Rohrzucker
½ TL gemahlene Bourbonvanille
50 g Mandelblättchen

So wird's gemacht:

1) Safran in 1 – 2 EL Milch einweichen. Kürbis waschen, schälen, entkernen und mit einer Gemüseraffel fein reiben.
2) Butter in einem Topf schmelzen und den Kürbis 8 – 10 Minuten darin anbraten, bis er glasig ist. Dabei immer wieder mit einem Holzlöffel umrühren.
3) Milch und Safranmilch hineingeben und auf mittlerer bis kleiner Flamme (nicht abdecken) 30 – 40 Minuten herunterköcheln lassen, bis die Masse die Konsistenz von Pudding erreicht hat. Dabei immer wieder umrühren, damit nichts anbrennt. Am Ende Roh-Rohrzucker, Vanille und Mandelblättchen (1 EL für die Dekoration zurückbehalten) hinzufügen.
4) Puddingspeise in Dessertschälchen füllen, mit den übrigen Mandelblättchen bestreuen und lauwarm servieren.

Kürbis-Puddingcreme mit Orangenblüten

Verfeinern Sie dieses Rezept auch einmal mit 1 TL getrockneten Orangenblüten und 1 – 2 TL getrockneten unbehandelten Orangenschalen (zum Beispiel in Gewürzläden, persischen Lebensmittelläden oder im Naturkostladen erhältlich), die Sie einfach mit dem Khir mitkochen.

Kürbis-Dattel-Konfekt

Drei Vorteile bietet dieses Rezept: Es ist schnell gemacht, füllt Ihre verbrauchten Energiereserven wieder auf – und schmeckt auch noch gut. Und wer Süßspeisen, Gebäck und Kuchen einmal anders als mit Zucker süßen möchte, sollte es gleich mit Datteln versuchen.

Für 24 Kugeln

200 g frische Datteln
200 g grüne Kürbiskerne
4 Kardamomkapseln
2 – 3 EL fester, kalt geschleuderter (Lavendel-)Honig
einige Tropfen Rosenwasser
Kokosflocken zum Wälzen oder Carobkuvertüre zum Eintauchen

Für die Carobkuvertüre:
50 g Kokosfett
20 g fein gemahlener Vollrohrzucker oder Roh-Rohrzucker
20 g Carobpulver

So wird's gemacht:

1) Datteln waschen, entkernen (falls es getrocknete Datteln sind, in heißem Wasser einweichen) und anschließend zu Mus hacken oder durch einen Früchtewolf drehen. Kürbiskerne fein mahlen. Kardamomkapseln aufschlitzen, Samen herausnehmen und in einem Mörser zu Pulver zerstoßen.
2) Datteln, Kürbiskerne, Kardamom, Honig und einige Tropfen Rosenwasser miteinander verkneten, zu Bällchen rollen und in Kokosflocken wälzen oder in Carobkuvertüre tauchen.
3) Für die Carobkuvertüre das Kokosfett in einem Töpfchen schmelzen und von der Flamme nehmen. Vollrohrzucker oder Roh-Rohrzucker in einer Kaffeemühle zu Puderzucker fein mahlen und mit Carob und Kokosfett verrühren.
4) Bällchen ganz oder nur zur Hälfte in die Kuvertüre tauchen. Mit einigen Kokosflocken bestreuen, auf einem feinen Gitter abtropfen lassen und kalt stellen, bis die Kuvertüre fest geworden ist.

Milchtoffee mit Flaschenkürbis (Louki-Burfi)

Da gerät man schon beim Lesen ins Schwärmen. Und erst der Anblick, der Duft und das Aroma dieser verführerischen indischen Karamellsüßigkeit aus heruntergekochter Milch und Flaschenkürbis ... Da werden so manche Ihrer Gäste schwach werden.

Für 6 Personen

600 g Flaschenkürbis
3 EL Butter oder Butterschmalz
1 l Vollmilch
¾ TL gemahlener Safran
175 – 200 g Roh-Rohrzucker
5 Kardamomkapseln
Cashewnusshälften oder Mandelblättchen zur Verzierung

So wird's gemacht:

1) Flaschenkürbis waschen, schälen, entkernen und raspeln.
2) Butter oder Butterschmalz in einem großen, flachen Edelstahltopf erhitzen. Den geraspelten Flaschenkürbis unter ständigem Rühren 5 – 8 Minuten darin glasig dünsten, bis die Flüssigkeit verkocht ist. In der Zwischenzeit die Milch in einem zweiten Topf erhitzen.
3) Nun die heiße Milch zu dem Flaschenkürbis gießen und alles unter häufigem Rühren mit einem Holzlöffel auf mittlerer Flamme köcheln lassen. Je mehr die Milch eindickt, desto mehr muss gerührt werden, damit nichts anbrennt. Nach 45 – 60 Minuten Safran und Zucker dazugeben. (Sollten sich am Topfboden doch kleine Stellen festgesetzt haben, wechseln Sie den Inhalt lieber in eine Anti-Haft-Pfanne.) Köcheln Sie die Masse so lange ein, bis sie dick ist. Dies ist etwa nach 90 Minuten der Fall.
4) In der Zwischenzeit die Kardamomsamen aus den Kapseln herauslösen und im Mörser zerstoßen.
5) Nun die Masse auf eine Platte geben und zu einem 1,5 cm dicken Rechteck streichen. Mit gemahlenem Kardamom bestreuen und mit Cashewnusshälften oder Mandelblättchen verzieren.
6) Die Masse kalt stellen und vor dem Servieren in Rauten schneiden.

Kürbis-Halava

Manche mögen's süß. Nicht umsonst ist Halava eine der beliebtesten Süßspeisen Indiens. Fast jede Stadt hat ihre eigenen Halava-Rezepte, mal mit Getreide, mal mit Früchten, mal mit bestimmten Gemüsen oder mal mit einer Kombination aus allem. Kürbis-Halava ähnelt in seiner Farbe und Konsistenz heruntergekochter Aprikosenkonfitüre.

Für 4 – 6 Personen

500 g Kürbis
40 g Butter oder 3 EL Sonnenblumenöl
180 – 200 g Roh-Rohrzucker
2 EL gehackte Pistazien oder Mandelblättchen

So wird's gemacht:
1) Kürbis waschen, schälen, entkernen und raspeln.
2) In einem Topf Butter oder Öl erhitzen, Kürbis auf mittlerer Flamme anbraten und immer wieder umrühren, damit er nicht ansetzt. Nach 8 – 12 Minuten, wenn die Flüssigkeit des Kürbisses verkocht ist, Roh-Rohrzucker dazugeben. Da die Masse durch den Zucker wieder flüssig geworden ist, 15 – 20 weitere Minuten zu einer pastenartig festen Konsistenz herunterköcheln lassen.
3) Halava in Dessertschälchen füllen und mit gehackten Pistazien oder Mandelblättchen bestreuen.

Kürbiskernkrokant

Süßes im Handumdrehen. Dieses köstliche Krokant ist der Beweis, mit wie wenig Aufwand Sie eine kleine Sensation zaubern können. Ob zum Backen, als Dekoration auf Desserts, über Eiscreme oder einfach als süßes Knabberzeug – mit Kürbiskernkrokant werden Sie Jung und Alt begeistern.

Für 4 Personen

Fett für das Blech
100 g Roh-Rohrzucker
2 – 3 EL Wasser
200 g grüne Kürbiskerne

So wird's gemacht:

1) Backblech oder Tablett einfetten. Zucker mit Wasser in einer Pfanne karamellisieren. Dann die Kürbiskerne dazugeben und unter ständigem Rühren 1 – 2 Minuten anrösten, bis die Kerne zu knacken beginnen.
2) Krokant auf dem Blech oder Tablett verteilen und abkühlen lassen. Anschließend mit den Händen auseinanderbrechen und, falls gewünscht, grob hacken.

Apfelkompott mit Kürbis

Schon mit wenig Aufwand kann man eine kleine Sensation zaubern. Dies beweist dieses leckere Kompott aus Äpfeln, kombiniert mit dem milden Kürbis. Na denn, nichts wie los!

Für 4 Personen

300 g Kürbis (am besten die Moschuskürbis-Sorte Muskatkürbis oder die Riesenkürbis-Sorte Potimarron)
700 g Äpfel
etwas Wasser
1 Zimtstange oder ¾ TL Zimtpulver
5 Safranfäden
50 g Vollrohrzucker oder Roh-Rohrzucker

So wird's gemacht:

1) Kürbis waschen, schälen, entkernen und in Würfelchen schneiden. Äpfel waschen, schälen und klein schneiden.
2) Kürbis- und Apfelstückchen in einem Topf mit etwas Wasser sowie mit Zimt und Safran zugedeckt 8 – 10 Minuten köcheln lassen. Anschließend Zucker hinzugeben und noch eine Weile ohne Deckel köcheln lassen, damit das Kompott etwas eindickt.
3) Zimtstange entfernen und das Kompott warm oder zimmertemperiert servieren.

Dieses Kompott passt ideal zu Milchreis, Pfannkuchen oder Kartoffelpuffer (Rösti). Oder als Dessert mit Vanillesauce, Eiscreme oder Schlagsahne mit Zimt. Anstelle der Äpfel können Sie auch Aprikosen verwenden.

Apfelpfannkuchen mit Kürbis

König der Getreide – nicht umsonst trägt Dinkel, der Urweizen, diesen Namen. Mit seiner Kombination von Mineralstoffen, hochwertigem Eiweiß und vielen Vitaminen übertrifft er andere Getreide. Auch an Spurenelementen, ungesättigten Fettsäuren, Enzymen und Ballaststoffen hat er eine Menge zu bieten. Kein Wunder, dass bei diesen Pfannkuchen nicht nur Kinder schwach werden.

Für 15 kleine Pfannkuchen

Für den Pfannkuchenteig:
200 g Äpfel
150 g Kürbis
200 g Dinkelvollkornmehl
125 ml Milch oder Reisdrink
250 ml Mineralwasser
1 Prise Meersalz
eventuell 1 Msp Natron oder Pottasche
25 – 50 g Vollrohrzucker oder Roh-Rohrzucker
½ – 1 TL Zimtpulver
50 g eingeweichte Rosinen (falls erwünscht)

Sonnenblumenöl
Honig oder Ahornsirup zum Beträufeln

So wird's gemacht:
1) Äpfel und Kürbis waschen, schälen und entkernen. Äpfel reiben und Kürbis raspeln.
2) Alle Zutaten für den Pfannkuchenteig miteinander verrühren. Der Teig sollte von flüssiger Konsistenz sein. Je nach Mehlsorte kann die Flüssigkeitsmenge etwas variieren.
3) Jeweils drei kleine Pfannkuchen gleichzeitig in einer Pfanne mit etwas Öl ausbacken. Noch heiß mit etwas Honig oder Ahornsirup beträufelt servieren.

Reichen Sie zu diesen Pfannkuchen auch einmal Apfelkompott mit Kürbis (siehe nebenstehendes Rezept).

Süße Kürbis-Bananen-Schnitze

Für dieses Gericht brauchen Sie nur Kürbis, Bananen und Pfannkuchenteig – und fertig ist Ihre Nachspeise. Genau das Richtige für eilige Zeitgenossen. Geradezu unwiderstehlich werden die Schnitze aber, wenn Sie zu jedem eine halbgefrorene Kugel Kürbis-Mango-Mousse (siehe Seite 171) servieren.

Für 4 Personen

200 g Dinkelvollkornmehl
125 ml Milch oder Reisdrink
250 ml Mineralwasser
30 g Vollrohrzucker (kann entfallen)
½ TL gemahlene Bourbonvanille
1 Prise Meersalz
eventuell 1 Msp Natron
500 g Kürbis
3 – 4 Bananen
Sonnenblumenöl
Ahornsirup oder Honig zum Beträufeln

So wird's gemacht:

1) Mehl, Milch oder Reisdrink, Wasser, Vollrohrzucker, Vanille, Salz und eventuell Natron miteinander verrühren. Der Teig sollte von flüssiger Konsistenz sein. Je nach Mehlsorte kann die Flüssigkeitsmenge etwas variieren. Kürbis waschen, schälen und in 0,5 cm dicke Scheiben schneiden. Bananen schälen und halbieren.
2) Kürbisschnitze und Bananenhälften in den Pfannkuchenteig tauchen, abtropfen lassen und in einer Pfanne mit Sonnenblumenöl goldbraun ausbacken.
3) Die heißen Schnitze mit etwas Ahornsirup oder Honig beträufelt servieren.

An Stelle der Bananen machen sich auch andere Früchte gut. Probieren Sie dieses Rezept mit Ananasscheiben, Birnen oder Pfirsichen.

Kürbis-Ingwer-Konfitüre

Nur das Edelste aufs Brot und zum Backen. Ingwer ist nicht nur ein wichtiges Gewürz, sondern auch ein wertvolles Heilmittel. Die Natur hat ihm eine geballte Ladung an Bitterstoffen und ätherischen Ölen mitgegeben. Damit unterstützt Ingwer nicht nur die Verdauung und hilft bei Erkältungskrankheiten, sondern verleiht diesem Aufstrich auch sein charakteristisches Aroma.

Für 4 Gläser à 450 g

1 kg Kürbis (zum Beispiel die Moschuskürbis-Sorte Muskatkürbis oder die Riesenkürbis-Sorte Türkenturban)
700 g Roh-Rohrzucker
30 – 40 g fein geschnittener frischer Ingwer
1 gestrichener TL Agar-Agar-Pulver
100 ml Apfelsaft oder Wasser

So wird's gemacht:

1) Kürbis waschen, schälen, entkernen und in kleine Würfel schneiden.
2) Kürbiswürfel und Roh-Rohrzucker in einem Topf vermischen und köcheln lassen. Ingwer dazugeben.
3) Konfitüre 10 – 15 Minuten köcheln lassen und anschließend mit einem Pürierstab pürieren. Agar-Agar mit Apfelsaft oder Wasser verrühren, der Konfitüre zugeben und 2 – 3 weitere Minuten sprudelnd aufkochen lassen.
4) Konfitüre in saubere Gläser abfüllen.

Wenn Sie das Geliermittel weglassen, haben Sie eine ideale Sauce für Eiscreme, Puddings, Aufläufe und Pfannkuchen.

Kürbis-Orangen-Konfitüre

Schon legendär ist der hohe Vitamin-C-Gehalt von Orangen. Außerdem bieten sie Beta-Carotin, Mineralien und zellschützende Flavonoide. Und erst der Geschmack: ein idealer Frühstücksaufstrich für frische Brötchen oder Kürbis-Orangen-Muffins (siehe Seite 207), aber auch ein köstlicher Belag für Kürbis-Nussecken (siehe Seite 194).

Für 2 Gläser à 500 g

1 unbehandelte Orange (300 g)
300 ml Wasser
750 g Roh-Rohrzucker
1 Zimtstange
1 kg Kürbis (zum Beispiel die Riesenkürbis-Sorte Hokkaido oder die Moschuskürbis-Sorte Muskatkürbis)
2 gestrichene TL Agar-Agar-Pulver

So wird's gemacht:

1) Orange unter fließend heißem Wasser waschen und mit der Schale in feine Stückchen schneiden. Orangenstückchen mit Wasser, Roh-Rohrzucker und Zimtstange in einen großen Topf geben und etwa 10 Minuten köcheln lassen. Eine Tasse der Flüssigkeit abnehmen und zum Abkühlen zur Seite stellen.
2) Kürbis waschen, schälen, entkernen und in kleine Würfel schneiden. Kürbiswürfel in den Topf mit der Flüssigkeit geben und 20 – 25 Minuten sprudelnd kochen lassen, bis der Kürbis weich ist. Eventuell einen Teil der Konfitüre mit einem Kartoffelstampfer zu Mus zerdrücken.
3) Agar-Agar in die Tasse mit der abgekühlten Orangenflüssigkeit rühren und unter die Konfitüre geben. 2 – 3 weitere Minuten aufkochen lassen. Dann die Gelierprobe machen (siehe Tipp).
4) Zimtstange herausnehmen und Konfitüre in saubere Gläser füllen.

Gelierprobe

Tropfen Sie etwas Konfitüre auf einen Porzellanteller. Sobald die Konfitüre abgekühlt ist, können Sie beim Schräghalten des Tellers sehen, ob sie fest genug ist, denn Agar-Agar entfaltet seine vollständige Bindefähigkeit erst nach dem Erkalten.

Aprikosen-Kürbis-Marmelade

Die leckere Powermarmelade. Trockenfrüchte glänzen nicht nur mit vielen wertvollen Mineralstoffen und Vitaminen, sondern auch mit Ballaststoffen. Und mit ihrem hohen natürlichen Fruchtzuckeranteil können sie andere Süßungsmittel ersetzen. Eine ideale Kombination mit Roh-Rohrzucker, der aus dem wertvollen Zuckerrohr gewonnen wird. Doch am besten probieren Sie einfach selbst.

Für 3 Gläser à 500 g

250 g getrocknete Aprikosen
250 ml Wasser
750 g Kürbis (zum Beispiel die Moschuskürbis-Sorte Muskatkürbis)
450 g Roh-Rohrzucker
abgeriebene Schale und frisch gepresster Saft einer unbehandelten Zitrone
1 gestrichener TL Agar-Agar-Pulver

So wird's gemacht:

1) Aprikosen waschen und am besten über Nacht oder einige Stunden im Wasser einweichen.
2) Kürbis schälen, entkernen, in kleine Würfel schneiden und zusammen mit dem Roh-Rohrzucker 5 Minuten im Aprikosen-Einweichwasser weich kochen. In der Zwischenzeit Aprikosen klein schneiden, zur Marmelade geben und 15 – 25 weitere Minuten kochen, bis der Kürbis weich wie Mus ist.
3) Zitronensaft mit Agar-Agar verrühren und mit der geriebenen Zitronenschale unter die Marmelade rühren. Nochmals 2 – 3 Minuten aufkochen lassen und die Gelierprobe machen (siehe Tipp nebenstehendes Rezept).
4) Marmelade in saubere Gläser abfüllen.

Für diese leckere Wintermarmelade können Sie nach Belieben auch anderes Trockenobst verwenden. Besonders köstlich schmecken zum Beispiel auch getrocknete Mangostückchen. Und aromatisieren Sie diese Marmelade auch einmal mit 2 – 3 Gewürznelken, es lohnt sich.

Für Feinbäcker und Feinschmecker – Kuchen, Muffins und Pies

Kürbispüree für Desserts und Kuchenfüllungen

Klein und fein. Für dieses süße Kürbispüree machen sich kleine Riesenkürbis-Sorten am besten, probieren Sie einmal den kleinen, leuchtend orangefarbenen Hokkaido oder Potimarron. Ebenso gut machen sich aber auch alle Moschuskürbis-Sorten, wie Butternusskürbis, Muskatkürbis oder Mantelsackkürbis.

Für 1,2 kg Püree

Fett für das Backblech
1,2 kg Kürbis (Bruttogewicht)
100 g Roh-Rohrzucker
1 Zimtstange
250 g Roh-Rohrzucker (Menge nach Kürbisgewicht und Süßungswunsch)
1 TL gemahlene Bourbonvanille

So wird's gemacht:

1) Backofen auf 200 °C vorheizen. Backblech einfetten. Kürbis waschen und abtrocknen. Einen Deckel abschneiden und die Kürbiskerne mit einem Löffel herausholen.
2) 100 g Roh-Rohrzucker und die Zimtstange in den Kürbis geben, Deckel wieder aufsetzen und 45 – 60 Minuten im Backofen backen, bis der Kürbis weich ist.
3) Kürbisfleisch mit einem Löffel herausschaben, durch ein feines Sieb streichen oder mit einem Pürierstab pürieren. Kürbispüree zusammen mit der Zimtstange, dem Roh-Rohrzucker (Menge nach Süßungswunsch) und der Vanille in einen Topf geben und verrühren.
4) Nun das Kürbispüree so lange auf mittlerer Flamme einkochen, bis es eine marmeladenartige Konsistenz bekommen hat (dies dauert 15 – 25 Minuten). Zum Schluss die Zimtstange entfernen.

Übrig gebliebenes süßes Kürbispüree können Sie – in Schraubgläser gefüllt – im Kühlschrank mindestens 2 – 3 Wochen aufbewahren oder im Gefrierbeutel mehrere Monate einfrieren. Für das nächste Dessert oder die nächste Kuchenfüllung haben Sie es dann gleich parat, zum Beispiel für Kürbis-Käsekuchen (siehe Seite 190).

Bratäpfel mit Kürbiskernen

Im Früchteparadies rangiert er ganz oben, für viele ist der Apfel das Lieblingsobst. Auch in puncto Gesundheit ist der Apfel ein König. Neben Vitaminen, Flavonen und Mineralstoffen enthält er über 300 wertvolle Biostoffe.

Für 6 Personen (1 Apfel pro Person)

6 Äpfel (etwa 1 kg)
Butter oder reine Pflanzenmargarine für die Auflaufform

Für die Füllung:
200 g frische Datteln
100 g grüne Kürbiskerne
50 g Sonnenblumenkerne
eventuell etwas Wasser
2 EL Kokosflocken
4 EL Ahornsirup (kann bei süßen Äpfeln entfallen)
5 EL Sahne oder Reisdrink
zerdrückte Samen von 1 – 2 Kardamomkapseln
½ – ¾ TL Zimtpulver

So wird's gemacht:

1) Äpfel waschen, Kerngehäuse entfernen und jeweils einen Deckel von den Früchten abschneiden.
2) Backofen auf 200 – 220 °C vorheizen. Auflaufform mit etwas Butter einfetten.
3) Datteln waschen und entsteinen. Kürbiskerne und Sonnenblumenkerne fein mahlen. Datteln durch einen Früchtewolf drehen oder pürieren (eventuell etwas Wasser dazugeben).
4) Alle Zutaten für die Füllung mischen und die Äpfel damit füllen. (Eventuell die Äpfel mit einem Messer noch etwas mehr aushöhlen und das Fruchtfleisch zur Füllung geben.) Die Äpfel in die Form setzen, die Apfeldeckel wieder aufsetzen und die Bratäpfel 25 – 30 Minuten im Backofen backen.

Noch Vanillesauce dazu serviert, und Ihr leckeres Dessert ist tischfertig!

Kürbis-Apfel-Auflauf (Pumpkin-Apple Crumble)

Wenn es schnell gehen muss und trotzdem köstlich schmecken soll, gehört dieser englische Kürbis-Apfel-Auflauf zu unseren Lieblingsrezepten. Doch vergessen Sie nicht: Erst mit Vanillesauce oder Schlagsahne ist er ein original englischer Apple Crumble.

Für eine große Auflaufform

300 g Kürbis (zum Beispiel die Moschuskürbis-Sorten Muskatkürbis oder Mantelsackkürbis)
Wasser
750 g Äpfel
2 EL frisch gepresster Zitronensaft
1 TL Zimtpulver
125 g Vollrohrzucker
50 g Rosinen (können entfallen)
Fett für die Auflaufform
100 g gemahlene Haselnüsse
125 g Weizenvollkornmehl oder Dinkelvollkornmehl
60 g zerlassene Butter oder reine Pflanzenmargarine
2 EL Ahornsirup oder Birnendicksaft

So wird's gemacht:

1) Kürbis waschen, schälen, Kerne entfernen und das Fruchtfleisch in dünne Scheiben schneiden. In einem Topf mit 2 EL Wasser 5 – 8 Minuten zugedeckt köcheln lassen, bis er fast gar ist.
2) Äpfel waschen, schälen und die Kerngehäuse ausschneiden. Die Äpfel in Ringe schneiden und in einen zweiten Topf mit 1 TL Wasser legen. Zitronensaft, Zimt, 1 – 2 TL des Zuckers und eventuell die gewaschenen Rosinen unter die Äpfel mischen und zugedeckt bei schwacher Hitze 3 – 5 Minuten köcheln lassen. Auflaufform einfetten. Backofen auf 180 °C vorheizen.
4) Die restlichen Zutaten, eventuell mit 1 EL Wasser, zu einer krümeligen Masse mischen. Kürbisscheiben und Apfelringe abwechselnd dachziegelartig in die Auflaufform legen, Streuselmischung darüber verteilen, etwas festdrücken und im Backofen 25 – 35 Minuten goldbraun backen.

Streuen Sie über die Vanillesauce (aus Milch oder Vanille-Sojadrink) oder die Schlagsahne – die hier nicht fehlen dürfen – etwas Zimt und Ingwerpulver.

Käsekuchen mit Preiselbeeren und Kürbispüree

Der Clou dieses luftig leichten Käsekuchens liegt im hausgemachten Joghurtquark. Probieren Sie selbst, wie einfach er von der Hand geht – und vor allem, wie gut er schmeckt. Apropos Geschmack: Für das süße Kürbispüree nehmen Sie am besten die kleinen und leuchtend orangefarbenen Riesenkürbis-Sorten wie Hokkaido oder Potimarron.

Für eine Springform, 28 cm Durchmesser

Für den Mürbteig:
200 g Dinkelvollkornmehl oder Weizenvollkornmehl
1 Msp Natron
100 g kalte Butter
60 g gesiebter Vollrohrzucker
1 EL kaltes Wasser oder Joghurt

Fett für die Springform

Für den Belag:
2 kg Joghurt für 800 g Joghurtquark
250 g Kürbispüree für Desserts (siehe Seite 187)
200 ml Sahne
200 g Vollrohrzucker oder Roh-Rohrzucker
2 Päckchen Vanillepuddingpulver
abgeriebene Schale einer unbehandelten Zitrone
3 – 4 EL Wildpreiselbeerkonfüre oder 6 EL frische Preiselbeeren

So wird's gemacht:

1) Für den Joghurtquark den Joghurt 5 – 6 Stunden in einem Käsetuch (oder einer Baumwollwindel) abhängen lassen. Dazu das Tuch an den vier Ecken zusammenknoten und aufhängen, bis so viel Molke abgetropft ist, dass noch etwa 800 g Joghurtquark übrig sind. Die abtropfende Molke in einer Schüssel auffangen. Sollte der Joghurtquark beim Abwiegen zu leicht sein (zum Beispiel nach zu langem Abhängen), einfach die entsprechende Menge wieder mit Molke auffüllen.
2) In der Zwischenzeit das Kürbispüree herstellen (siehe Seite 187).

3) Alle Zutaten für den Mürbteig rasch verkneten, zu einer Kugel formen und mindestens 30 Minuten zugedeckt kalt stellen. Springform einfetten.
4) Sahne steif schlagen. Joghurtquark, Vollrohrzucker oder Roh-Rohrzucker, Vanillepuddingpulver und abgeriebene Zitronenschale in eine Schüssel geben und mit dem Handrührgerät zu einer cremigen Masse rühren. Dann die Sahne unter die Masse heben.
5) Den Mürbteig zwischen zwei Frischhaltefolien ausrollen, Folie abziehen und die Springform mit dem Teig auskleiden. Dabei einen 3 cm hohen Rand formen. Den Boden mit einer Gabel mehrmals einstechen. Teigboden im Backofen bei 200 °C 15 Minuten vorbacken.
6) Preiselbeerkonfitüre oder frische Preiselbeeren auf dem leicht abgekühlten vorgebackenen Boden verteilen. Süßes Kürbispüree darübergeben und anschließend die Joghurtquarkmasse einfüllen.
7) Den Kuchen 45 – 50 weitere Minuten bei 200 °C fertig backen. Eventuell noch einige Minuten in der Nachhitze des leicht geöffneten Backofens stehen lassen.

Linzer Torte mit Kürbis

Abwechslung ist die Mutter des Genusses. Hier präsentiert sich die berühmte Linzer Torte zwar mit einer neuen Füllung, aber wie gewohnt unwiderstehlich köstlich.

Für eine Springform, 26 – 28 cm Durchmesser

Für den Mürbteig:
200 g Dinkelvollkornmehl oder Weizenvollkornmehl
125 g gemahlene Haselnüsse oder Mandeln
125 g gesiebter Vollrohrzucker
150 g kalte Butter oder reine Pflanzenmargarine
2 EL Rosenwasser oder Sahne
½ TL gemahlene Bourbonvanille
1 – 2 EL Carobpulver
1 TL Zimtpulver
1 Msp Gewürznelkenpulver
1 Prise Meersalz
1 Msp Natron
eventuell 1 – 2 EL Maisstärke

Für die Füllung:
350 g Kürbis (am besten die Riesenkürbis-Sorte Hokkaido oder die Moschuskürbis-Sorten Butternusskürbis oder Muskatkürbis)
100 – 125 g Roh-Rohrzucker
½ TL Zimtpulver
½ TL Ingwerpulver

Außerdem:
Fett für die Springform
etwas Vollkorngrieß für die Springform
5 EL Quittenkonfitüre oder Aprikosenkonfitüre

So wird's gemacht:

1) Für die Füllung den Kürbis waschen, schälen, entkernen und in einen Topf raspeln. Mit Roh-Rohrzucker, Zimt und Ingwerpulver mischen.
2) Die Zutaten für den Mürbteig (zunächst ohne Maisstärke) rasch zu einem geschmeidigen Teig verkneten, zu einer Kugel formen und zugedeckt mindestens 30 Minuten kalt stellen. Falls der Teig zu klebrig ist, die Maisstärke hinzufügen.
3) In der Zwischenzeit die Füllung zubereiten: Vorbereitete Kürbisraspel (ohne Zusatz von Wasser) bei mittlerer Hitze 5 – 10 Minuten weich köcheln und dabei immer wieder umrühren. Topf von der Flamme nehmen und Füllung abkühlen lassen. Eine Springform einfetten und mit etwas Grieß ausstreuen. Backofen auf 190 °C vorheizen.
4) Zwei Drittel des Teiges zwischen zwei Frischhaltefolien ausrollen, Folie abziehen, die gefettete Springform mit dem Teig auskleiden und dabei einen 3 cm hohen Rand bilden. Teigboden mit einer Gabel mehrmals einstechen. Den restlichen Teig kalt stellen. 2 EL Konfitüre auf den Teigboden streichen. Dann die abgekühlte Füllung in die Form geben, glatt streichen und die restlichen 3 EL Konfitüre auf der Füllung verteilen. Form kalt stellen.
5) Den restlichen Teig zwischen zwei Frischhaltefolien zu einem Rechteck ausrollen und mit einem Teigrädchen oder einem Messer Streifen ausradeln. Mit den Streifen den Kuchen gitterartig verzieren.
6) Kuchen im vorgeheizten Backofen 40 Minuten backen und eventuell 5 Minuten in der Nachhitze stehen lassen. Den Kuchen erst aus der Form lösen, wenn er völlig erkaltet ist.

Nussecken mit Kürbismarmelade

Kraftpakete. Nüsse sind nicht nur ideale Energiespender für Körper und Geist, sondern haben auch für unseren Gaumen einige hochwillkommene Überraschungen parat.

Für ein Backblech, etwa 36 × 40 cm groß

Für den Mürbteig:
250 g Dinkelvollkornmehl
¼ TL Natron
125 g kalte Butter oder reine Pflanzenmargarine
65 g gesiebter Vollrohrzucker
1 EL Wasser oder Joghurt

Für den Belag:
150 g grob gehackte, geröstete Haselnüsse
150 g fein gemahlene, geröstete Haselnüsse
150 g Butter oder reine Pflanzenmargarine
100 g Vollrohrzucker
2 EL Birnendicksaft
½ TL gemahlene Bourbonvanille
1 – 2 EL Sahne oder Sojadrink

Fett für das Backblech
4 – 5 EL Kürbismarmelade (siehe Seiten 183 – 185)

Für die Carobglasur:
50 g Kokosfett
20 g fein gemahlener Roh-Rohrpuderzucker
20 g Carobpulver

So wird's gemacht:
1) Alle Zutaten für den Mürbteig rasch zu einem geschmeidigen Teig kneten, zur Kugel formen und mindestens 30 Minuten kalt stellen.
2) Alle Zutaten für den Belag in einer Pfanne erwärmen und anschließend leicht abkühlen lassen.

3) Teig zwischen zwei Frischhaltefolien zu einer dünnen Platte ausrollen, Folie abziehen und den Teig auf ein gefettetes Backblech legen. Mit einer Gabel mehrmals einstechen und im vorgeheizten Backofen bei 190 °C 12 – 15 Minuten vorbacken. Die Konfitüre auf den leicht abgekühlten Teigboden streichen, die Nussfüllung darüber verteilen und bei gleicher Temperatur weitere 15 Minuten backen.
4) Den abgekühlten Teigboden in Quadrate schneiden und diese diagonal in Dreiecke halbieren.
5) Für die Carobglasur das Kokosfett in einem kleinen Topf schmelzen. Roh-Rohrpuderzucker mit dem Carob unter das Kokosfett rühren. Die Nussecken an den Ecken in die Carobglasur tauchen, auf ein Kuchengitter legen und die Glasur fest werden lassen.

Variieren Sie die Nussecken durch die Wahl verschiedener Marmeladen. Mit Aprikosenkonfitüre, aber auch Orangenmarmelade oder Maronenkonfitüre schmecken sie besonders lecker.

Kürbistörtchen

Grenzenlos charismatisch. Die köstlichen Düfte und verführerischen Aromen dieser Kürbistörtchen können jeden in ihren Bann schlagen. Probieren Sie selbst!

Für 10 – 12 Törtchen oder eine Springform, 26 – 28 cm Durchmesser

Für den Mürbteig:
250 g Dinkelvollkornmehl oder Weizenvollkornmehl
1 Msp Natron
125 g kalte Butter oder reine Pflanzenmargarine
75 g Vollrohrzucker
½ TL Zimtpulver
1 EL Sahne oder Apfelsaft

Für den Belag:
750 g Kürbis (zum Beispiel die Moschuskürbis-Sorten Muskatkürbis oder Butternusskürbis)
250 g Roh-Rohrzucker
1 Vanilleschote
1 – 2 EL Ahornsirup
1 TL Zimtpulver

Fett für die Backförmchen oder die Springform

Für die Dekoration:
200 ml Sahne, aufschlagbare pflanzliche Sahne oder Lopinocreme
2 EL Roh-Rohrzucker
etwas Zimtpulver zum Bestreuen

So wird's gemacht:

1) Alle Zutaten für den Mürbteig rasch miteinander verkneten, zu einer Kugel formen und zugedeckt mindestens 30 Minuten kalt stellen.
2) Für den Belag den Kürbis waschen, schälen, entkernen und fein raffeln. Mit dem Roh-Rohzucker in einem Topf mischen und etwa 30 Minuten ziehen lassen. Vanilleschote aufschlitzen und das Mark herausschaben. Vanillemark und Schote zusammen mit dem Kürbis bei mittlerer Hitze zugedeckt etwa 10 Minuten köcheln lassen, bis der Kürbis weich ist. Dann ohne Deckel weiterköcheln lassen, bis die Kürbismasse etwas eingedickt ist. Vanilleschote entfernen. Zum Schluss Ahornsirup und Zimtpulver dazugeben.
3) Kleine gefettete Förmchen oder eine große gefettete Springform mit dem Teig auskleiden und im Backofen bei 190 °C 10 Minuten vorbacken.
4) Kürbismasse in die Förmchen füllen oder in der Springform verteilen und 10 – 20 weitere Minuten (je nach Größe der Form) backen. Auf einem Kuchengitter auskühlen lassen.
5) Für die Dekoration die Törtchen mit frisch geschlagener gesüßter Sahne oder Lopinocreme und jeweils einer Prise Zimtpulver verzieren.

Kürbiskuchen mit Honigmarzipan

Kulinarische Entdeckungsreise. Wie der berühmte Rüeblikuchen aus der Schweiz ist diese leckere Kürbisversion eine wahre Gaumenüberraschung.

Für eine Springform, 26 cm Durchmesser
(oder auch Kranzform oder Kastenbackform)

250 g Kürbis
abgeriebene Schale und frisch gepresster Saft einer unbehandelten Zitrone
250 g gemahlene Mandeln
Fett für die Backform
Vollkorngrieß für die Backform
350 g Dinkelvollkornmehl oder Weizenvollkornmehl
2 TL Zimtpulver
¾ TL Kardamom
2 Msp Gewürznelkenpulver
1 Prise Meersalz
200 g weiche Butter
300 g fein gemahlener Vollrohrzucker
200 ml Milch
1 Päckchen Weinstein-Backpulver
etwas Aprikosenkonfitüre
200 g selbst gemachtes Honigmarzipan (siehe Seite 199)

So wird's gemacht:

1) Kürbis waschen, schälen, entkernen und fein raspeln. Zitronensaft und geriebene Zitronenschale daruntermischen und mit den Mandeln vermengen. Zugedeckt beiseite stellen. Die Backform einfetten und mit etwas Vollkorngrieß ausstreuen.
2) Das gesiebte Mehl mit den Gewürzen mischen. Die weiche Butter mit dem Vollrohrzucker in einer Rührschüssel schaumig schlagen und abwechselnd löffelweise mit Mehl und Milch zu einem geschmeidigen Teig rühren. Dabei das Backpulver unter das letzte Drittel des Mehls mischen.
3) Zum Schluss die Kürbis-Mandel-Mischung unter die Teigmasse heben und in die Form füllen.
4) Kuchen im Backofen bei 180 – 190 °C 65 Minuten backen (eventuell noch 5 Minuten in der Nachhitze im Ofen lassen). Vor dem Herausnehmen mit einem Holzstäbchen prüfen, ob der Kuchen durchgebacken ist.

5) Den leicht abgekühlten Kuchen auf ein Kuchengitter stürzen und mit etwas heißer und durch ein Sieb gestrichener Aprikosenkonfitüre bestreichen.

Honigmarzipan-Verzierung
Honigmarzipan (siehe folgendes Rezept) zwischen zwei Frischhaltefolien zu einer dünnen Platte ausrollen und den Kuchen damit bedecken. Aus dem restlichen Marzipan können Sie zum Beispiel kleine Kürbisse formen, die Sie mit der abgeriebenen Schale einer unbehandelten Orange oder mit gemahlenem Safranpulver orange färben. Oder Sie stechen die Marzipanmasse zu Sternen aus und verzieren den Kuchen damit.

Der Kuchen entwickelt sein bestes Aroma ab dem zweiten Tag. In Folie eingepackt oder unter einer Kuchenhaube bleibt er gut 1 Woche frisch.

Honigmarzipan

Für 300 g Marzipan

200 g Mandeln
100 g kalt geschleuderter fester Honig (am besten Lavendelhonig)
eventuell 5 Tropfen Rosenwasser

So wird's gemacht:

1) Mandeln in einen Topf mit kochend heißem Wasser geben und 1 – 2 Minuten ziehen lassen. Testen Sie an einer Mandel, ob sich die Haut leicht abziehen lässt (Vorsicht, heiß!). Dann die Mandeln mit kaltem Wasser abschrecken, häuten und mit einem sauberen Tuch trockentupfen. Anschließend die Mandeln trocknen lassen (am besten über Nacht).
2) In eiligen Fällen können Sie die Mandeln bei 50 °C im Ofen trocknen, jedoch nicht rösten. Vor dem Mahlen abkühlen lassen, da sonst das Öl austritt.
3) Mandeln mit einer Küchenmaschine fein mahlen (je feiner sie gemahlen sind, desto feiner wird auch das Marzipan). Eine Nussmühle ist für diesen Zweck meist zu grob.
4) Honig und Mandeln vermengen und eventuell mit dem Rosenwasser verfeinern. Konsistenz und Geschmack sind abhängig von der Beschaffenheit des Honigs. Ist das Marzipan noch klebrig, fügen Sie noch einige gemahlene Mandeln hinzu.

Carobkuchen mit Kürbis und Orange

Schon gehört? Carob, aus den fein gemahlenen Früchten des Johannisbrotbaumes, ist eine gesunde Alternative zu Kakao. Anders als der bittere Kakao mit seinen Alkaloiden und Reizstoffen, besitzt Carob einen hohen Anteil an fruchteigenem Zucker (46 %). Süßspeisen mit Carob kommen deswegen mit weniger Süßungsmittel aus.

Für eine Kranzform, 24 cm Durchmesser

Fett für die Kranzform
Vollkorngrieß für die Kranzform
300 g Dinkelvollkornmehl
50 g Carobpulver
280 g Vollrohrzucker
1 Päckchen Weinstein-Backpulver
1 TL gemahlene Bourbonvanille
200 g Kürbis
1 unbehandelte Orange (etwa 100 g)
9 EL Sonnenblumenöl
200 – 250 ml frisch gepresster Orangensaft oder Wasser
Aprikosenkonfitüre zum Bestreichen
Carobglasur zum Bestreichen (siehe Rezept Nussecken Seite 194)

So wird's gemacht:

1) Kranzform einfetten und mit Grieß ausstreuen.
2) Dinkel, Carob und Vollrohrzucker in eine Schüssel sieben und mit Backpulver und Vanille mischen.
3) Kürbis waschen, schälen, entkernen und in eine kleine Schüssel raspeln. Orange unter fließend heißem Wasser waschen, abtrocknen und die Schale mit einer Raspel abreiben. Die eine Hälfte der Orange auspressen (ergibt etwa 50 ml Saft) und die zweite Hälfte in kleine Stückchen schneiden. Saft, Raspel und Stückchen der Orange mit dem Kürbis vermischen.
4) Backofen auf 190 °C vorheizen. Sonnenblumenöl und 200 ml des Orangensaftes oder Wassers mit der Mehlmischung verrühren. Kürbisraspel und, falls nötig, noch etwas Orangensaft oder Wasser zugeben. Der Teig sollte weich und elastisch sein, etwa wie ein dickflüssiger Pfannkuchenteig.
5) Teig in die Form füllen und etwa 45 Minuten backen. Eventuell 5 Minuten in der Nachhitze stehen lassen. Vor dem Herausnehmen mit einem Holzstäbchen testen, oder der Kuchen durchgebacken ist. Den Kuchen einige Minuten in der Form setzen lassen und anschließend mit einem Messer am Rand lösen. Auf einem Kuchengitter auskühlen lassen.
6) Nach Belieben mit heißer Aprikosenkonfitüre und Carobglasur bestreichen.

Dieser Kuchen hält sich viele Tage frisch, besonders unter einer Kuchenhaube. Wer Abwechslung liebt, kann an Stelle der Orange zwei pürierte Bananen nehmen. Diese Variante schmeckt mindestens genauso lecker!

Apfel-Kürbis-Pie

Die himmlische Verführung. Äpfel mit Kürbis und knusprigem Teig zu verbinden, macht den Reiz dieses unwiderstehlich leckeren Pies aus. Pies sind ideal fürs Picknick, bei einer Party oder als Mittagsimbiss – denn man kann sie wunderbar transportieren.

Für eine Springform, 26 – 28 cm Durchmesser

Für die Füllung:
400 g Kürbis (zum Beispiel die Riesenkürbis-Sorten Potimarron oder Hokkaido)
500 g Äpfel
200 g Roh-Rohrzucker
50 g Rosinen
¼ TL Zimtpulver

Für den Mürbteig:
300 g Dinkelvollkornmehl
¼ TL Natron oder Weinstein-Backpulver
150 g kalte Butter
150 g Roh-Rohrzucker
100 g saure Sahne (10 % Fett)
¼ TL gemahlene Bourbonvanille

Fett für die Springform

So wird's gemacht:

1) Kürbis waschen, schälen, entkernen und fein raspeln. Äpfel waschen, schälen und klein schneiden. Kürbisraspel, Apfelstückchen, Roh-Rohrzucker, Rosinen und Zimt in einen Topf geben. Auf mittlerer Stufe 15 – 20 Minuten weich köcheln, gelegentlich umrühren und darauf achten, dass nichts anbrennt, jedoch kein Wasser hinzufügen. Wenn die Mischung weich ist, Topf von der Platte nehmen und abkühlen lassen.
2) In der Zwischenzeit den Mürbteig herstellen. Mehl in eine Schüssel sieben, mit Natron oder Backpulver mischen. Kalte Butter in Flöckchen hacken und rasch mit den restlichen Zutaten für den Teig zu einem elastischen Teig kneten. Im Kühlschrank zugedeckt kalt stellen.

3) Springform einfetten. Backofen auf 190 °C vorheizen. Zwei Drittel des Teiges zwischen zwei Frischhaltefolien zu einer runden Platte ausrollen, Folie entfernen und die Form mit dem Teig auskleiden. Dabei einen 3 cm hohen Rand bilden. Teigboden mit einer Gabel mehrmals einstechen und die abgekühlte Füllung in die Form geben. Den Großteil des restlichen Teigs zu einer dünnen Platte ausrollen, den Kuchen damit bedecken und am Rand zusammendrücken. Für die Verzierung den restlichen Teig ausrollen, mit Plätzchenformen einige Teigsterne oder Blumen ausstechen und den Pie damit verzieren.
4) Pie bei 190 °C 35 – 40 Minuten goldbraun backen. Mit einem Holzstäbchen gegen Ende der Backzeit prüfen, ob der Kuchen durchgebacken ist.

Statt eines Pies (mit Deckel) können Sie aus der Teigmenge auch zwei Mürbeteigkuchen (ohne Deckel) backen. Die Füllung für diesen Kuchen können Sie auch schon am Vorabend zubereiten.

Bananen-Kürbis-Nussrolle

»Das Getreide für den Menschen«, so nannte Hildegard von Bingen, die große Naturkundlerin und Mystikerin des 12. Jahrhunderts, den Dinkel. Mit all seinen gesunden Inhaltsstoffen lässt er sogar den Weizen hinter sich – auch in der Backstube.

Für eine Dinkelrolle

Für den Hefeteig:
200 ml warmes Wasser
75 ml Sahne oder Apfelsaft
600 g Dinkelvollkornmehl
2 EL Birnendicksaft
20 g frische Hefe (½ Würfel)
100 g Vollrohrzucker
abgeriebene Schale und Saft (4 – 5 EL) einer unbehandelten Zitrone
50 g weiche Butter oder reine Pflanzenmargarine

Für die Füllung:
250 g Kürbispüree für Desserts (siehe Seite 187)
200 g Haselnüsse
3 Bananen
1 ½ TL gemahlene Bourbonvanille
¼ TL Zimtpulver
50 g Roh-Rohrzucker

Zum Bestreichen und Bestreuen:
3 – 4 EL Aprikosenkonfitüre
20 g Mandelblättchen

Fett für das Backblech

So wird's gemacht:

1) Für den Hefeteig das warme Wasser und die Sahne oder den Apfelsaft mit 6 EL Dinkelmehl, Birnendicksaft und zerbröckelter Hefe in einer kleinen Schüssel zu einen Vorteig verrühren und zugedeckt etwa 10 Minuten an einem warmen Ort stehen lassen. Das restliche Dinkelmehl in eine große Schüssel sieben und mit dem Vollrohrzucker und der abgeriebenen Zitronenschale mischen. Nun den Vorteig und die weiche Butter oder Margarine unter das Mehl kneten. Teig kräftig durchkneten, bis er sich von der Schüssel löst und nicht mehr klebt. Hefeteig zugedeckt an einem warmen, zugfreien Ort 45 – 60 Minuten gehen lassen.
2) In der Zwischenzeit Kürbispüree für Desserts herstellen (siehe Seite 187).
3) Haselnüsse auf einem Backblech verteilen und bei 200 °C im Backofen rösten, bis die Häutchen zu springen beginnen (dies dauert etwa 10 Minuten). Nüsse abkühlen lassen, die Häutchen zwischen den Händen abreiben und die Nüsse fein mahlen. Bananen schälen, mit einer Gabel zerdrücken und alle Zutaten für die Füllung zu einer Paste verrühren.
4) Hefeteig noch einmal kräftig kneten und zu einer rechteckigen Teigplatte (ohne Mehl) ausrollen. Teigplatte mit 2 – 3 EL Aprikosenkonfitüre bestreichen, dabei die Ränder freilassen. Auf die untere längliche Hälfte der Teigplatte die Füllung geben und den Teig zu einer Rolle aufrollen (so vermeiden Sie, dass die Füllung herausquillt). Den rechten und linken Teigrollenrand zudrücken, damit auch seitlich keine Füllung heraustreten kann.
5) Backblech einfetten. Teigrolle mit Schwung auf das Blech legen und mit einem Tuch abgedeckt etwa 15 Minuten gehen lassen. Anschließend in den kalten Backofen geben und bei 200 °C 50 – 60 Minuten backen. Zum Schutz vor zu starker Bräunung die Rolle in den letzten 15 Minuten mit Backpapier oder Alufolie abdecken.
6) Die warme Dinkelrolle mit 1 EL Aprikosenkonfitüre bestreichen und mit Mandelblättchen bestreuen.

Rosinen-Kürbis-Brötchen

Gemütlich genießen. Bei einem Sonntagsfrühstück dürfen diese Brötchen – mit Butter, Margarine und Marmelade bestrichen – nicht fehlen. Rosinen enthalten nicht nur viele Vitamine und Mineralstoffe, sondern auch achtmal so viel Glukose wie frische Trauben. Das stärkt Gehirn und Nerven und gibt Vitalität.

Für 12 Brötchen

250 g Kürbis
50 g Rosinen
warmes Wasser zum Einweichen der Rosinen
600 – 650 g Dinkelvollkornmehl
2 TL Trockenhefe
375 ml lauwarmes Wasser
100 g Vollrohrzucker
2 TL gemahlene Bourbonvanille
Fett für das Backblech

So wird's gemacht:

1) Kürbis waschen, schälen, entkernen und in kleine Würfel schneiden. Anschließend in einem kleinen Topf mit etwas Wasser dünsten. Rosinen waschen und in warmem Wasser einweichen. Abgetropften Kürbis durch ein feines Sieb streichen.
2) Dinkelmehl, Hefe, Wasser, Vollrohrzucker, Vanille, abgetropfte Rosinen und Kürbispüree zu einem elastischen Teig kneten. (Die Mehlmenge kann etwas variieren.) Den Brötchenteig zugedeckt an einem warmen, zugfreien Ort 30 – 45 Minuten gehen lassen.
3) Backblech einfetten. Teig noch einmal kräftig durchkneten und zu 12 Brötchen formen. Backofen auf 200 °C vorheizen. Brötchen kreuzweise einschneiden und 10 Minuten gehen lassen.
4) Rosinenbrötchen 25 – 30 Minuten backen.

Kürbis-Orangen-Muffins

Der süße Brite. In England und Nordamerika kennt und liebt sie jeder: Muffins. In diesem Rezept zeigen sich die Anglo-Brötchen von ihrer süßen Seite mit Kürbis. Wer keine spezielle Muffin-Backform hat, kann auch kleine Backförmchen nehmen.

Für 12 Muffins

100 g Kürbis
40 g Butter oder reine Pflanzenmargarine
Fett für die Backform
100 g Vollrohrzucker
abgeriebene Schale und frisch gepresster Saft (etwa 100 ml) einer unbehandelten Orange
abgeriebene Schale und frisch gepresster Saft (etwa 50 ml) einer unbehandelten Zitrone
475 g Dinkelvollkornmehl
1 TL Natron
etwa 100 ml Wasser (je nach Feuchtigkeit des Kürbisses)

So wird's gemacht:

1) Kürbis waschen, schälen, entkernen und raspeln. Butter oder Pflanzenmargarine in einem Töpfchen zerlassen. Backofen auf 175 °C vorheizen. Backförmchen oder Muffin-Blech einfetten.
2) Vollrohrzucker und abgeriebene Zitronenschale und Orangenschale unter den Orangensaft und Zitronensaft rühren. Mehl in eine Schüssel sieben, Natron und Butter oder Pflanzenmargarine dazugeben und mit dem Zuckersaft und dem geraspelten Kürbis zu einem Brötchenteig kneten. Wasser nach Bedarf hinzufügen. 12 Kugeln aus dem Teig formen.
3) Die Teigkugeln in die Förmchen geben und im vorgeheizten Ofen 25 – 30 Minuten (je nach Größe der Muffins) goldgelb backen. Dann aus den Förmchen stürzen. Falls sie auf der Unterseite noch nicht ganz durchgebacken sind, auf einen Rost legen und noch 7 – 10 Minuten in der Nachhitze des abgeschalteten Ofens stehen lassen.
4) Auf einem Kuchengitter auskühlen lassen und servieren.

Wenn die Muffins schön glänzen sollen, bepinseln Sie das ofenheiße Gebäck einfach mit etwas heißer Aprikosenmarmelade.

Die Autorin

Petra Müller-Jani, Jahrgang 1965.

Nach langjähriger selbstständiger Tätigkeit als Physiotherapeutin lebt und arbeitet Petra Müller-Jani (früher Petra Skibbe) heute als Heilpraktikerin bei Idar-Oberstein. Die Schwerpunkte ihrer Naturheilpraxis sind Ayurveda (mit Ayurveda-Ernährungsberatung), die südindische Kalari Heilkunde (Kalari-Chikitsa) sowie klassische Homöopathie und Yoga.

Seit sie vor etwa 25 Jahren den Ayurveda kennenlernte, liegt der Schwerpunkt ihres Interesses darin, dessen universelle Prinzipien vor allem in Bezug auf Ernährung und Lebensstil in unseren westlichen Kulturkreis zu übersetzen und so die Bedeutung der persönlichen Gesundheitsvorsorge zu betonen. Petra Müller-Jani studierte intensiv verschiedene Aspekte des Ayurveda, insbesondere die Ayurveda-Ernährung, die physiotherapeutischen Aspekte der Behandlungstechniken und Massagen, aber auch die altindische Philosophie und Kultur – zu einem großen Teil auch in einem langjährigen Aufenthalt im Ursprungsland Indien. Sie absolvierte eine Ausbildung in Kalari-Chikitsa und ist ausgebildete Yoga-Lehrerin. Auch heute noch reist sie jährlich mit ihrem Mann nach Indien, um ihre Studien weiter zu vertiefen.

Neben ihrer beruflichen Tätigkeit gibt sie ihr Wissen in Yoga-Kursen, Ayurveda-Seminaren und Ayurveda-Kochkursen weiter.

Kontakt zur Autorin besteht über den Verlag.

Der Autor

Joachim Skibbe, Jahrgang 1958.

In seiner Naturheilpraxis behandelt Joachim Skibbe nach dem Prinzip, dass Körper, Geist und Seele eine Einheit sind und körperliche Beschwerden nur unter Berücksichtigung der individuellen Konstitution und Persönlichkeitsmerkmale erfolgreich therapiert werden können.

Nach eingehender Beschäftigung mit klassischer Homöopathie, Bachblütentherapie, Fußreflexzonen-Massage und Shiatsu traf er vor über 25 Jahren auf den Ayurveda.

Beim Ayurveda fasziniert ihn besonders die Einbeziehung einer individuellen, typgerechten Ernährung in die Heilkunde. Joachim Skibbe studierte intensiv verschiedene Aspekte der Ayurveda-Medizin, insbesondere die Bereiche der Ayurveda-Ernährung und der Ayurveda-Lebenskunde, ebenso wie altindische Philosophie und Kultur, zu einem großen Teil in langjährigen Aufenthalten im Ursprungsland Indien.

Joachim Skibbe lebt mit seiner Familie in der Nähe von Mainz, wo er auch praktiziert. Neben seiner beruflichen Tätigkeit bietet der Autor Vorträge, Seminare und Workshops an. Aktuelle Angebote sind auf seiner Website zu ersehen:

www.naturheilpraxis-skibbe.de

Im pala-verlag sind von Petra Müller-Jani und Joachim Skibbe neben diesem Buch folgende Titel erschienen:

- Ayurveda – Die Kunst des Kochens
- Ayurveda-Handbuch für Frauen
- Backen nach Ayurveda – Brot, Brötchen & Pikantes
- Backen nach Ayurveda – Kuchen, Torten & Gebäck
- Ayurveda – Feiern und Genießen
- Toscana vegetariana

Die Illustratorin

Renate Alf, Jahrgang 1956.

Renate Alf machte eine Ausbildung als Lehrerin für Biologie und Französisch. Seit 1983 ist sie als Cartoonistin tätig und durch ihre Bücher sowie durch regelmäßig erscheinende Cartoons in vielen Tageszeitungen und Zeitschriften einem breiten Publikum bekannt. Renate Alf lebt mit ihrer Familie in Freiburg.

Im pala-verlag sind neben diesem Buch folgende Titel mit Cartoons von Renate Alf erschienen:

- Vollwert-Naschereien
- Zucchini
- Vegetarisch grillen
- Das Buch vom guten Pfannkuchen
- Alles Tomate!
- Spargelzeit!
- Erbsenalarm!
- Schneckenalarm!
- Teenager auf Veggiekurs

Außerdem hat Renate Alf bei Lappan (Oldenburg) zahlreiche Bücher veröffentlicht. Mehr über Renate Alf auf ihrer Homepage: www.renatealf.de

Bezugsquellen

Gewürze und Kräuter

AMLA Natur Vertriebs GmbH
Butterberg 3
21279 Drestedt
www.ayurveda-markt.de

Govinda Natur GmbH
Dieselstraße 13 A
67141 Neuhofen
www.govindanatur.de

Sonnentor Kräuterhandels GmbH
Spögnitz 10
3910 Zwettl, Österreich
www.sonnentor.com

Saatgut

Dreschflegel GbR
In der Aue 31
37213 Witzenhausen
www.dreschflegel-saatgut.de

Bingenheimer Saatgut AG
Kronstraße 24
61209 Echzell-Bingenheim
www.bingenheimersaatgut.de

Keller GmbH & Co. KG
Konradstraße 17
79100 Freiburg
www.biokeller.de

Bio-Saatgut Gaby Krautkrämer
Weingartenstraße 58
97252 Frickenhausen am Main
www.bio-saatgut.de

Reinsaat KG
3572 St. Leonhard am Hornerwald 69
Österreich
www.reinsaat.com

Sativa Rheinau AG
Klosterplatz 1
8462 Rheinau, Schweiz
www.sativa-rheinau.ch

Verein zur Erhaltung der Nutzpflanzenvielfalt e. V.
Geschäftsstelle c/o Barbara Féret
Mondrianplatz 11
36041 Fulda
www.nutzpflanzenvielfalt.de

Arche Noah
Gesellschaft für die Erhaltung der Kulturpflanzenvielfalt & ihre Entwicklung
Obere Straße 40
3553 Schiltern, Österreich
www.arche-noah.at

ProSpecieRara
Schweizerische Stiftung für die kulturhistorische und genetische Vielfalt von Pflanzen und Tieren
Unter Brüglingen 6
4052 Basel, Schweiz
www.prospecierara.ch

Verzeichnis der Rezepte

* Diese Rezepte sind vegan.
(*) Diese Rezepte beinhalten eine vegane Variante.

pala verlag

Print CO_2 kompensiert

Wir engagieren uns noch stärker für den Klimaschutz!

Seit mehr als 15 Jahren drucken wir unsere Bücher weitestgehend auf Recyclingpapier und versuchen damit, eine ressourcenschonende und umweltfreundliche Buchproduktion zu ermöglichen.

In den letzten Jahren ist der Klimawandel mit seinen weitreichenden Folgen für uns und vor allem unsere nachfolgenden Generationen immer mehr zum Thema geworden. Die Auswirkungen sind bereits jetzt spürbar – Wetterextreme, sich verschiebende Jahreszeiten, Erderwärmung. Auch wenn diese Entwicklungen nicht mehr völlig aufzuhalten sind, müssen wir – auch als Verlag – aktiv werden.

Die *freiburger graphische betriebe,* die Druckerei, in der unsere Bücher produziert werden, beteiligen sich an der Klimainitiative der Druck- und Medienverbände Deutschland und bieten die Möglichkeit, Buchproduktionen klimaneutral herstellen zu lassen. »Klimaneutral« bedeutet den Ausgleich von Treibhausgasen bzw. die Neutralisation durch die Einsparung einer bestimmten CO_2-Menge an anderer Stelle. Da die Wirkungen des Treibhauseffektes global schädigen, ist es irrelevant, an welchem Ort der Welt Emissionen entstehen und wo sie dann letztendlich eingespart werden. Der gesamte Prozess des Ausgleiches von Treibhausgasen basiert auf dem Kyoto-Protokoll von 1997.

Wir haben nun die Möglichkeit, für jedes Druckprodukt den genauen Wert des CO_2-Ausstoßes, der auf den Produktionsprozess in der Druckerei und deren Materialeinsatz zurückzuführen ist, zu ermitteln. Mit Hilfe eines vom Bundesverband der deutschen Druckindustrie entwickelten Rechners, mit dem viele Faktoren erfasst werden – Energieverbrauch, Farbe, Papier, Transportwege oder Einsatz von Personal – wird am Ende der Buchproduktion ein Wert ermittelt, der die relevante Wertschöpfungskette für die technische Herstellung des Buchs umfasst und den durch die Produktion verursachten CO_2-Ausstoß nachweist.

Für diesen Wert bezahlen wir als Verlag einen Ausgleich, der dann in anerkannte und zertifizierte Klimaschutzprojekte fließt. Die Zertifizierung erfolgt durch die Organisation firstclimate (www.firstclimate.com) und wird durch das Logo »Print CO_2 kompensiert« angezeigt.

Die aus dem Druck dieses Buchs resultierende Klimaabgabe fließt in ein Windparkprojekt in der Marmara-Region in der Türkei.

Das Projektgebiet liegt in der Marmara-Region an einem Höhenrücken etwa 350 m über Meereshöhe, nahe der Dörfer Elbasan und Çatalca unweit Istanbuls. Im Rahmen des Projekts werden 20 Windenergieanlagen mit einer Nennleistung von je 3 MW errichtet.

Weitere Bücher aus dem pala-verlag

Petra Müller-Jani und Joachim Skibbe:
Ayurveda –
Die Kunst des Kochens
ISBN: 978-3-89566-307-9

Petra Müller-Jani und Joachim Skibbe:
Ayurveda-Handbuch für Frauen
ISBN: 978-3-89566-326-0

Petra Müller-Jani und Joachim Skibbe:
Backen nach Ayurveda –
Brot, Brötchen & Pikantes
ISBN: 978-3-89566-323-9

Petra Skibbe und Joachim Skibbe:
Toscana vegetariana
ISBN: 978-3-89566-278-2

Bücher mit Cartoons von Renate Alf

Irmela Erckenbrecht:
Zucchini
ISBN: 978-3-89566-200-3

Irmela Erckenbrecht:
Erbsenalarm!
ISBN: 978-3-89566-201-0

Irmela Erckenbrecht:
Teenager auf Veggiekurs
ISBN: 978-3-89566-321-5

Sofie Meys:
Schneckenalarm!
ISBN: 978-3-89566-322-2

Vegan genießen

Heike Kügler-Anger:
Vegane Rohköstlichkeiten aus dem Mixer
ISBN: 978-3-89566-317-8

Heike Kügler-Anger:
Vegane Brotaufstriche
ISBN: 978-3-89566-314-7

Heike Kügler-Anger:
Vegan grillen
ISBN: 978-3-89566-302-4

Angelika Eckstein:
Vegan backen
ISBN: 978-3-89566-239-3

Gesamtverzeichnis bei:
pala-verlag, Rheinstraße 35, 64283 Darmstadt, www.pala-verlag.de

ISBN: 978-3-89566-319-2
Überarbeitete und aktualisierte Neuauflage

Rheinstraße 35, 64283 Darmstadt
www.pala-verlag.de

Die erste Auflage dieses Buches erschien 2000.

Cartoons und Umschlagsillustration: Renate Alf
Vegan-Symbol: Karin Bauer – www.karin-bauer.com
Lektorat: Bettina Snowdon, Angelika Eckstein
Redaktionelle Beratung: Ulla Grall

Druck und Bindung: fgb • freiburger graphische betriebe
www.fgb.de
Printed in Germany

Dieses Buch ist auf Papier aus
100 % Recyclingmaterial gedruckt
und klimaneutral produziert.

Print CO2 kompensiert
Id-Nr. 1329312
www.bvdm-online.de